UNIVERSITÉ ÉGYPTIENNE
LE CAIRE

LA FEMME
AUX DIFFÉRENTES ÉPOQUES DE L'HISTOIRE

CONFÉRENCES
FAITES AUX DAMES ÉGYPTIENNES

PAR

MADEMOISELLE A. COUVREUR
AGRÉGÉE DES LETTRES
PROFESSEUR AU LYCÉE RACINE A PARIS
ET DÉLÉGUÉE A L'UNIVERSITÉ ÉGYPTIENNE

TROISIÈME FASCICULE

LE CAIRE
UNIVERSITÉ ÉGYPTIENNE
ET
LIBRAIRIE DIEMER

LE PUY
IMPRIMERIE
PEYRILLER, ROUCHON & GAMON
23, BOULEVARD CARNOT

1916

LA FEMME

AUX DIFFÉRENTES ÉPOQUES DE L'HISTOIRE

———

CONFÉRENCES

FAITES AUX DAMES ÉGYPTIENNES

UNIVERSITÉ ÉGYPTIENNE
LE CAIRE

LA FEMME

AUX DIFFÉRENTES ÉPOQUES DE L'HISTOIRE

CONFÉRENCES

FAITES AUX DAMES ÉGYPTIENNES

PAR

MADEMOISELLE A. COUVREUR

AGRÉGÉE DES LETTRES
PROFESSEUR AU LYCÉE RACINE A PARIS
ET DÉLÉGUÉE A L'UNIVERSITÉ ÉGYPTIENNE

TROISIÈME FASCICULE

LE CAIRE

UNIVERSITÉ ÉGYPTIENNE
ET
LIBRAIRIE DIEMER

LE PUY

IMPRIMERIE
PEYRILLER, ROUCHON & GAMON
23, BOULEVARD CARNOT

1910

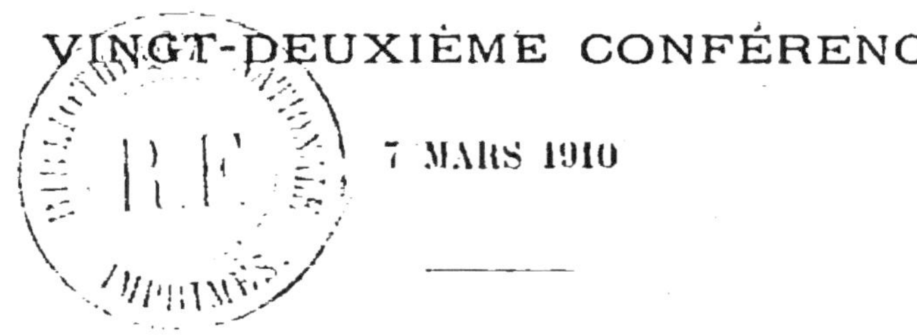

LES FEMMES FRANÇAISES AU XVIIIe SIÈCLE

MESDAMES,

Sous Louis XV comme sous Louis XIV, la cour est à Versailles. Sous Louis XV comme sous Louis XIV, il y a des favorites. C'est d'abord le règne de Mme de Pompadour qui peut avoir eu d'heureux effets dans les arts, mais qui dans la politique a été plus funeste, ne fût-ce que par les choix malheureux qu'elle imposa au roi, par exemple pour le commandement des armées. Mais à ce règne qui avait encore une certaine décence, succéda celui de Mme du Barry, tirée des bas fonds de la société, et que pendant très longtemps personne n'accepta. Les courtisans eux-mêmes se montrèrent rebelles ; personne ne lui parlait, et les lettres du temps nous donnent des témoignages de cette résistance morale, assez forte pour s'opposer même au respect qui s'attachait alors à la royauté.

Mais ce n'est pas la cour qui a dirigé l'opinion au

temps de Louis XV, ce sont les salons. Quel est l'esprit des salons ?

Aussitôt après la mort de Louis XIV, le masque de dévotion que tout le monde avait dû prendre pour plaire et pour arriver tomba ; il n'y avait dans cette dévotion rien de sérieux et de solide : c'était la comédie qu'on jouait. Louis XIV disparu, il n'est plus question de piété. C'est le scepticisme ; on ne croit plus à rien ; la moquerie devient le ton général de la société et de la correspondance. On continue à faire de petits vers, des madrigaux, des épigrammes. Les lettres des écrivains du temps sont parsemées de vers. On joue la comédie de société ; on se passionne toujours sur les questions de langue et de style ; on pourrait extraire un véritable traité de rhétorique des correspondances du temps, en particulier de la correspondance de Voltaire. Mais à côté de ces préoccupations mondaines, à côté de ce goût persistant pour les lettres et le théâtre, il y a quelque chose de nouveau : on est *philosophe*. Non pas philosophe à la façon de Descartes ou de Malebranche ; non pas cette philosophie qui porte sur les idées pures, qui essaie de construire un système du monde, qui s'interroge sur l'homme et sur Dieu ; cette philosophie-là, on l'abandonne ; on est même très injuste envers elle. Il suffit de citer sur ce sujet les jugements souvent si superficiels de Voltaire. Ce qu'on appelle philosophie au xviiie siècle, c'est tout autre chose ; les questions à l'ordre du jour sont beaucoup plus pratiques. Il ne s'agit plus de décider sur la vérité pure, mais sur les vérités appliquées, sur les questions politiques, économiques, sociales. Montesquieu par exemple, a étudié les différentes sortes de gouvernements pour en faire voir le mécanisme et les principes. Les abus sociaux devenant de plus en plus criants, on songe à les réformer. On n'a plus guère de religion, et tous les traits d'intolérance qui demeurent dans le gouvernement paraissent scandaleux; il faut à tout prix les faire disparaître. Avec la tolérance on célèbre *les lumières*, parce qu'on attribue tous les défauts de la société à l'obscurité intellectuelle des anciens temps, et on salue la philosophie qui éclaire les choses et permet de les juger.

Ce qui passionnait aussi les esprits, c'étaient les sciences. Le nouveau système de Newton, les découvertes dans le domaine de l'électricité, les découvertes de la chimie, etc., enthousiasmaient non seulement les savants, mais encore les gens du monde et même les femmes. Tout le monde faisait des expériences de physique.

La vie de salon reste cependant active et brillante. La conversation continue à être un des plaisirs les plus goûtés des Français; or le royaume de la conversation, ce sont les salons, où hommes et femmes se rencontrent et où l'esprit est surexcité par le désir qu'ont les deux sexes de se plaire mutuellement.

Parmi les femmes célèbres au xviiie siècle citons d'abord Mme du Châtelet, l'amie de Voltaire. Ce n'est pas une précieuse; c'est une femme savante. Ses contemporains se sont moqués de ses prétentions à la science, mais il semble bien que ce goût ait été sincère chez elle, et qu'elle ait eu une véritable inclination pour ces sortes d'études, non seulement pour la physique, mais pour la philosophie. Elle écrivit un mémoire sur la métaphysique. Son *Mémoire sur le feu* fut couronné par l'Académie des sciences. Elle entraînait Voltaire à faire des expériences de physique, elle s'entourait de savants, de mathématiciens, d'astronomes. Toutefois la science ne l'empêchait pas de garder des prétentions à la coquetterie et Mme du Deffand nous fait d'elle un portrait assez méchant, (ce qui arrive quelquefois lorsque les femmes se dépeignent l'une l'autre). Voici ce portrait de la « belle Émilie », c'est ainsi qu'on appelait Mme du Châtelet :

« Représentez-vous une femme grande et sèche, le teint échauffé, le visage aigu, le nez pointu, voilà la figure de la belle Émilie; figure dont elle est si contente, qu'elle n'épargne rien pour la faire valoir : frisure, pompons, pierreries, verreries, tout est à profusion; mais comme elle veut être belle en dépit de la nature et qu'elle veut être magnifique en dépit de la fortune, elle est obligée, pour se donner le superflu, de se passer du nécessaire, comme chemises et autres bagatelles.

« Elle est née avec assez d'esprit; le désir de paraître en avoir davantage lui a fait préférer l'étude des sciences les plus abstraites aux connaissances agréables : elle croit par cette singularité parvenir à une plus grande réputation, et à une supériorité décidée sur toutes les autres femmes.

« Elle ne s'est pas bornée à cette ambition, elle a voulu être princesse, elle l'est devenue non par la grâce de Dieu ni par celle du roi, mais par la sienne. Ce ridicule lui a passé comme les autres, on s'est accoutumé à la regarder comme une princesse de théâtre, et on a presque oublié qu'elle est femme de condition.

« Madame travaille avec tant de soin à paraître ce qu'elle n'est pas, qu'on ne sait plus ce qu'elle est en effet; ses défauts mêmes ne lui sont peut-être pas naturels, ils pourraient tenir à ses prétentions; son peu d'égards à l'état de princesse, sa sécheresse à celui de savante, et son étourderie à celui de jolie femme.

« Quelque célèbre que soit Mme du Châtelet, elle ne serait pas satisfaite si elle n'était pas célébrée, et c'est encore à quoi elle est parvenue, en devenant l'amie déclarée de M. de Voltaire, c'est lui qui donne de l'éclat à sa vie, et c'est à lui à qui elle devra l'immortalité. »

Mme du Deffand avait volontiers la dent dure quand elle n'aimait pas quelqu'un. Ces prétentions de la belle

Emilie à la grâce et à la beauté nous indiquent qu'il est peut-être bien difficile à une femme d'arriver à laisser de côté toutes les préoccupations de son sexe pour devenir une vraie savante, uniquement préoccupée de la vérité.

Parmi les salons du xviii⁰ siècle, il faut nommer celui de Mme Geoffrin, une bourgeoise, mais les différences de classes, si marquées au xvii⁰ siècle, commencent à l'être beaucoup moins au xviii⁰. Quel succès a eu dans le grand monde Rousseau, dont l'extraction était tout à fait roturière! quel enthousiasme pour Franklin! Le salon de Mme Geoffrin, quoique bourgeois, fut fréquenté par des gens de très haute noblesse, et aussi par tout ce que le siècle comptait de gens intelligents et de savants. Diderot, d'Alembert, Helvétius, et tant d'autres, ont été les hôtes de Mme Geoffrin. Sa réputation en Europe était universelle; même les souverains lui faisaient des avances. Elle avait connu à Paris Stanislas Poniatowski alors qu'il n'était qu'un simple gentilhomme polonais; la faveur de Catherine II le fit arriver au trône de Pologne. Mme Geoffrin lui avait prêté de l'argent, avait payé ses dettes. Il ne fut pas ingrat, il l'invita à sa cour, elle vint en Pologne et on lui fit toutes les fêtes du monde.

Stanislas n'est pas le seul souverain du temps qui eût des relations amicales avec les Parisiennes. Gustave III de Suède avait à Paris toute une cour d'amies. Etant encore prince royal, il avait fréquenté les salons parisiens. Appelé en Suède par la mort brusque de son père, il conserva des relations et une correspondance avec toutes ces dames spirituelles : la comtesse de Boufflers, Mme de la Marck, Mme d'Egmont, Mme de Brionne. Ces lettres sont caractéristiques. Dans le milieu où vivaient ces dames, on avait du penchant pour les nouvelles idées; on souhaitait quelque chose de mieux pour la France; on déplorait l'abaissement de la royauté en la personne de Louis XV.

Gustave III, lui, rentré dans son royaume, avait fait une révolution, s'était emparé du pouvoir absolu et employait ce pouvoir à faire des réformes inspirées par les idées des philosophes : liberté de conscience, abolition des formes barbares de la justice. Les amies parisiennes de Gustave III étaient désolées de penser que ce roi idéal n'était pas pour la France.

« L'autre jour, à la représentation de *Bayard*, à Versailles, écrit la comtesse d'Egmont, j'aurais acheté de mon sang une larme du roi. Mais si vous aviez vu son air d'indifférence, l'ennui de M. le Dauphin, les rires de Madame, à ce tableau si touchant des sentiments de notre nation pour son roi, oui, j'en suis sûre, vous auriez partagé le désespoir que j'éprouvais de voir une si charmante nation dénaturée, et des vertus si intéressantes, si héroïques, impossibles à pratiquer ! Ah ! Sire ! quels ressorts puissants sont dans les mains des rois ! Et comment supporter que le nôtre, qui est celui qui a joui du bonheur céleste d'être adoré avec ivresse, qui le serait encore, s'il nous avait laissé la moindre illusion, se soit plu à les détruire toutes, et voie de sang-froid un tel changement !... Et vous, Sire, l'idole de votre nation, vous qui seriez celle de la nôtre, vous parlez pour celui qui ne connût jamais un sentiment ! Au nom du ciel, ne mêlez plus cet apathique tiers dans les charmantes lettres dont vous m'honorez, et croyez qu'on ne fera jamais des Français des esclaves russes, mais les plus soumis et les plus zélés sujets ! Un mot, un regard leur suffit pour répandre jusqu'à la dernière goutte de leur sang ! Mais ce mot n'est pas dit. Enfin n'en parlons plus.

« Après Bayard, exaltée par la pièce, par la colère de la froideur des spectateurs, et comparant cette manière d'être avec celle de celui qui a joué Bayard, je courus chez Mme de Brionne parler en liberté. Nous relûmes votre lettre et elle me répéta mille fois ce qu'elle m'avait dit d'abord : « Voilà donc un roi qu'on

peut aimer ! nous l'avons vu ! Il produirait des Bayard !
Il ferait revivre Henri IV. Il existe et ce n'est pas
pour nous ! »

Voilà l'esprit qui soufflera la révolution ; on ne s'ac-
commode plus du gouvernement actuel, on en voit
toutes les faiblesses, les bassesses même, et on se
figure que si le souverain était plus éclairé, s'il avait
un peu de cet esprit de philosophie, il pourrait faire le
bonheur de son peuple. C'était l'illusion du temps.

Un autre salon célèbre du XVIIIe siècle fut celui de
Mme du Deffand. C'était une femme extrêmement spirituelle, qui fut en correspondance avec beaucoup de
personnages illustres, en particulier avec Voltaire.
Dans le dialogue qui s'établit par lettres entre Voltaire
et elle, il y a presque égalité des esprits. Le salon de
la marquise du Deffand réunissait littérateurs et savants (par exemple d'Alembert), mais surtout le grand
monde, les Choiseul, les Beauvau, les Broglie. Il y eut
dans l'histoire de ce salon, un épisode curieux. Mme du
Deffand était devenue aveugle : pour l'aider à recevoir et à faire sa correspondance, elle avait fait venir
chez elle une jeune fille orpheline, sans fortune, qui
avait été élevée chez le frère de Mme du Deffand ;
Mlle de Lespinasse. Mlle de Lespinasse plut beaucoup
aux amis de Mme du Deffand. Elle reçut bientôt les
hommages intellectuels que la maîtresse de la maison
aurait bien voulu garder pour elle. Ce fut au point que
les visiteurs prirent l'habitude d'entrer d'abord chez
Mlle de Lespinasse pour causer avec elle. Mme du Deffand s'en aperçut et en fut froissée. Elle pensait sans
doute que tout l'esprit que ses visiteurs donnaient à
Mlle de Lespinasse, c'était un vol qu'on lui faisait ;
elle se fâcha et renvoya sa demoiselle de compa-
gnie.

Mlle de Lespinasse prit alors un appartement et
beaucoup des amis de Mme du Deffand l'y suivirent ;
elle eut à son tour un salon dont nous reparlerons.

Mme du Deffand se peint elle-même et nous décrit son caractère avec assez de franchise :

« Mme la marquise du Deffand, nous dit-elle, est ennemie de toute fausseté et affectation ; ses discours et son visage sont toujours les interprètes fidèles des sentiments de son âme ; sa figure n'est ni bien ni mal, sa contenance est simple et unie, elle a de l'esprit ; il aurait eu plus d'étendue et plus de solidité si elle se fût trouvée avec des gens capables de la former et de l'instruire ; elle est raisonnable, elle a le goût juste, et si quelquefois la vivacité l'égare, bientôt la vérité la ramène ; son imagination est vive, mais elle a besoin d'être réveillée. Souvent elle tombe dans un ennui qui éteint toutes les lumières de son esprit ; cet état lui est si insupportable, et la rend si malheureuse, qu'elle embrasse aveuglement tout ce qui se présente sans délibérer ; de là vient la légèreté dans ses discours et l'imprudence dans sa conduite, que l'on a peine à concilier avec l'idée qu'elle donne de son jugement quand elle est dans une situation plus douce. Son cœur est généreux, tendre et compatissant ; elle est d'une sincérité qui passe les bornes de la prudence ; une faute lui coûte plus à faire qu'à avouer. Elle est très éclairée sur ses propres défauts, et découvre très promptement ceux des autres, et la sévérité avec laquelle elle se juge lui laisse peu d'indulgence pour les ridicules qu'elle aperçoit ; de là vient la réputation qu'elle a d'être méchante ; vice dont elle est très éloignée, n'ayant ni malignité ni jalousie, ni aucun des sentiments bas que produit ce défaut. »

Mme du Deffand ne se juge pas méchante, mais comme elle voit les ridicules des gens, elle les peint, et il s'ensuit des portraits qui ne sont pas agréables pour les modèles. Certainement Mme du Châtelet a dû la trouver méchante.

Quant au sentiment d'ennui et de vide profond qu'elle exprime, il est d'autant plus pénible alors que les âmes n'ont rien où se rattacher ; il n'y a plus de religion. C'est une chose frappante dans les lettres du XVIIIᵉ siècle, même les lettres de femmes, la note religieuse ne se fait entendre nulle part. Au XVIIᵉ siècle, de grandes dames, après avoir « donné dans la galanterie », comme on disait, s'en lassaient parfois et on voyait des conversions éclatantes comme celle de Mᵐᵉ de Longueville. Mais il n'y a plus de conversions au XVIIIᵉ siècle. On ne sent même plus le besoin de la religion. Alors, à quoi se rattacher ? Pour certaines âmes, c'est le néant, la nuit profonde.

Mᵐᵉ d'Epinay, une célèbre amie de Rousseau, nous raconte un dîner donné par Mˡˡᵉ Quinault, la fille du poète dont Boileau s'est tant moqué ; elle s'était faite actrice, et le monde qu'on pouvait voir autour d'elle était un peu mêlé peut-être, mais cependant dans son salon, il y avait des gens distingués.

« De plaisanteries en plaisanteries, de propos en propos, on revint encore aux tapisseries du duc de... Mˡˡᵉ Quinault dit qu'il était affreux pour une famille d'être forcée de vendre des morceaux si précieux ; voilà le sort de toutes les belles choses, des collections rares. — « Chut, dit Duclos, ne dégoûtez pas les amateurs. Quelques fermiers généraux achèteront ces tapisseries, et nous les étaleront avec emphase devant leur porte, le jour de la Fête-Dieu. » On s'arrêta un peu sur la beauté et la solennité des cérémonies de ce jour. Mˡˡᵉ Quinault dit à Saint-Lambert : « Je parie, marquis, que vous aimez à la folie les processions de la petite Fête-Dieu ». Il s'écria avec enthousiasme : « Je vous assure, Madame que je les trouve d'un pathétique admirable. Ces hommes, ces femmes, ces enfants, pénétrés de dévotion ; ces flambeaux, ces prêtres magnifiquement vêtus ; ce silence rompu par intervalles, m'attendrit et me touche. »

« On servit. Les valets étant sortis, et la porte fermée,

Saint-Lambert s'évertua à un tel point que je craignis qu'il ne voulût détruire toute religion.

Mademoiselle Quinault. — « Mais parlez donc, marquis, est-ce que vous seriez athée? »

A sa réponse Rousseau se fâcha et murmura entre ses dents : on l'en plaisanta.

Rousseau. — « Si c'est une lâcheté que de souffrir qu'on dise du mal de son ami absent, c'est un crime que de souffrir qu'on dise du mal de son Dieu qui est présent ; et moi, Messieurs, je crois en Dieu. »

On trouvait Rousseau piquant parce qu'il pensait toujours le contraire de ce que pensaient tous les autres. Aussi cette déclaration ne lui fit pas de tort. Une autre fois il dit à Mme d'Epinay :

« Madame, quelquefois au fond de mon cabinet, mes deux poings dans les yeux, ou au milieu des ténèbres de la nuit, je suis de l'avis de Saint-Lambert. Mais voyez cela (dit-il en montrant d'une main le ciel, la tête levée, et avec le regard d'un inspiré) : le lever du soleil en dissipant la vapeur qui couvre la terre et en m'exposant la scène brillante et merveilleuse de la nature, dissipe en même temps les brouillards de mon esprit. Je retrouve ma foi, mon Dieu, ma croyance en lui ; je l'admire, je l'adore ; et je me prosterne en sa présence. »

Cela, c'est l'annonce de ce nouvel esprit dont Rousseau est l'inspirateur et qui soufflera à la fin du XVIIIe siècle, mais dans les salons cet esprit éclatait comme un paradoxe.

Mme du Deffand s'ennuie parce qu'elle vit uniquement pour l'esprit ; parce que dans les choses qu'elle étudie, elle apporte tout au plus de la curiosité, mais peu d'enthousiasme. Dans son affection même pour ses amis elle ne met guère de son cœur ; il y a beaucoup de sécheresse dans ses relations. Mais à la fin de sa vie, elle change. On l'a dit : « Comme son siècle, Mme du Deffand dans son extrême vieillesse retrouva le don d'aimer et apprit la douceur des larmes (Lanson). » A près de soixante-dix ans elle éprouva une passion profonde pour un Anglais, Horace Walpole, qui avait vingt ans de moins qu'elle et qui trouvait peut-être un peu ridicule d'être l'objet d'un tel amour. Il y répondit avec assez de froideur; Mme du Deffand en souffrit. A ce moment son cœur s'ouvre ; ses lettres sont souvent pleines de tristesse et de mélancolie, mais elles n'ont plus cette sécheresse qui jusqu'alors se montrait dans sa correspondance. A ce moment on voit qu'elle n'avait pas l'âme médiocre, et qu'elle était comme une autre capable d'aimer et de souffrir ; seulement elle n'en a trouvé l'occasion qu'à 70 ans.

Dans ce siècle qui était tout esprit, le cœur prenait quelquefois sa revanche. Il serait intéressant à ce point de vue d'étudier le caractère de cette charmante duchesse de Choiseul qui a été si vraie, si discrète, si courageuse, aimant très fidèlement son mari, qui pourtant lui donnait bien des sujets de plainte, car le célèbre Choiseul, ministre de Louis XV, était homme de cour et de société, autant qu'homme politique. La correspondance de la duchesse de Choiseul et de Mme du Deffand est intéressante à cause des deux caractères qu'elle met en présence. Les noms qu'elles se donnent sont singuliers : Mme du Deffand appelle la duchesse de Choiseul « sa Grand'Maman » et Mme de Choiseul appelle Mme du Deffand « sa petite fille ». La duchesse de Choiseul était cependant beaucoup plus jeune que Mme du Deffand, mais elles plaisantaient ainsi sur une ancienne parenté des deux familles. Ces noms d'ailleurs avaient quelque convenance dans la réalité, car par la fermeté, par la profondeur de son âme, ou son esprit, de sa sagesse, la duchesse de Choiseul paraît être l'aînée de Mme du Deffand. Celle-ci lui confiait ses ennuis, et c'est la duchesse de Choiseul qui la remontait et lui donnait des conseils.

Mme de Choiseul n'a pas non plus le ton moqueur, persifleur, qui était celui du temps, elle n'aime pas qu'on prenne en plaisantant les choses sérieuses ; elle écrit une très longue lettre à Mme du Deffand à propos du jugement de Voltaire sur Catherine II, impératrice de Russie. Catherine était accusée d'être arrivée au pouvoir en assassinant son mari, et Voltaire avait dit là-dessus : « Je sais bien qu'on lui reproche quelques bagatelles au sujet de son mari ; mais ce sont des affaires de famille dont je ne me mêle pas. » Mme de Choiseul, indignée, écrit à Mme du Deffand :

« Quoi ! Voltaire trouve qu'il y a le mot pour rire dans un assassinat ! Et quel assassinat ! Celui d'un souverain par sa sujette, celui d'un mari par sa femme ! Cette femme conspire contre son mari et son souverain, lui ôte l'empire et la vie de la façon la plus cruelle et usurpe le trône sur son fils, et Voltaire appelle cela « des démêlés de famille ! » « Il n'est pas mal, ajoute-t-il, qu'on ait une faute à réparer ». Comment, ces crimes atroces ne sont que des « bagatelles », des « fautes », de petits péchés véniels faciles à réparer ; il ne lui faut qu'un *mea culpa* et une absolution : la voilà blanche comme neige ; elle est la gloire de son empire, l'amour de ses sujets, l'admiration de l'univers, la merveille de son siècle !... »

Dans cette indignation contre Catherine II, nous retrouvons l'écho d'un amour conjugal profond, discret, fidèle.

Mais la passion, avec tous les orages du cœur, va nous apparaître avec Mlle de Lespinasse. Nous savons déjà comment elle quitta le salon de Mme du Deffand et eut ensuite un salon à elle. Ce salon était tout philosophique ; on y rencontrait d'Alembert, Turgot, Condorcet, Condillac. Mlle de Lespinasse était toute acquise aux idées nouvelles ; mais surtout ce qui plaisait en elle, c'était cette flamme intérieure, ce sentiment profond qu'elle mettait dans les choses et qui se joignait chez elle à l'originalité de l'esprit et à l'indépendance du jugement. Elle était franche et sincère. Tous les témoignages contemporains nous rapportent qu'elle avait au plus haut degré l'art de la conversation; elle avait l'esprit si actif, l'âme si vivante, qu'elle excitait autour d'elle les autres esprits. La plupart ne la connaissaient que sous cet aspect mondain et extérieur, mais à côté et en dessous elle avait toute une autre vie profonde, passionnée, dont le secret n'était connu que de quelques amis, une vie tragique.

Elle aima d'abord passionnément un gentilhomme du plus noble caractère, M. de Mora, qui mourut. Ce fut un amour profond, mais ce ne fut pour elle, pour ainsi dire, que l'apprentissage de ce qui devait dévorer son cœur entièrement. Elle rencontra M. de Guibert, et alors ce fut l'amour ardent, dévorant, qui envahit toute l'âme, et par qui on vit et on meurt. L'objet de cette passion était un gentilhomme qui avait alors une réputation extraordinaire de mérite et même de génie et qui exerçait autour de lui une véritable séduction. Il aima, lui aussi, Mlle de Lespinasse, mais avec beaucoup moins d'ardeur, sans jamais perdre de vue les nécessités de sa situation et de sa carrière; il se maria conformément à ces vues. Mlle de Lespinasse admettait ce mariage; mais ce qui faisait son tourment, c'était de toujours rencontrer la froideur, la sagesse, la raison, dans celui pour qui elle éprouvait un amour si brûlant. Toutes ces lettres en sont remplies. Il y a une contagion dans ces lettres si passionnées et la plupart des critiques sont très sévères pour M. de Guibert; ils voient en lui une âme médiocre, un esprit très au-dessous de celui que ses contemporains admiraient en lui. Il est probable que la valeur de M. de Guibert était de celles qui tiennent surtout à la personne et que ni les portraits, ni les descriptions ne peuvent rendre. Il y a des charmes mystérieux que la vie réalise, mais qui

périssent ; les écrits, ni les documents, ni les témoignages ne les conservent. Il en était ainsi sans doute
pour M. de Guibert. Il fut extrêmement admiré et
goûté par ses contemporains, et par les plus grands.
Il est difficile dès lors de croire à la médiocrité de
son esprit. Et on peut rappeler que Napoléon a fait
cas des écrits militaires de Guibert.

Il faut lire cette correspondance de Mlle de Lespinasse, c'est une des choses les plus émouvantes qui
soient. C'est une tragédie vivante. Il faut lire aussi
le livre que le marquis de Ségur lui a consacré.

L'accent de ces lettres est profond, déchirant, il
contraste avec le ton de sécheresse spirituelle qui est
celui du temps. Il ne contraste pas moins avec le
ton déclamatoire et *sensible* mis à la mode par
Rousseau. Chez Mlle de Lespinasse, tout est parfaitement vrai, c'est pourquoi ses lettres sont si éloquentes.
Elle a été consumée par cet amour et elle en est
morte. C'est une chose rare en tous les temps ; une
grande passion, c'est aussi rare qu'un grand génie.

Un autre salon bien connu au xviiie siècle fut celui
de Mme Necker, la femme du banquier genevois plus
tard ministre de Louis XVI. Mme Necker était Suisse
et protestante ; cela nous indique déjà que son salon,
quoique philosophe, a dû avoir un caractère particulier. Là paraissait, toute jeune encore, la fille de
Mme Necker, qui devait devenir Mme de Staël, et qui
eut de bonne heure une réputation d'esprit ; mais nous
la retrouverons plus tard.

Il est impossible de parler des femmes du xviiie siècle sans prononcer le nom de Rousseau. Il a eu en
effet une profonde influence sur les femmes, qui se
passionnaient pour lui et lui demandaient des conseils comme à un directeur de conscience. Plusieurs
cependant résistaient à ce courant, par exemple
Mme du Deffand et la duchesse de Choiseul ; elles
ne pouvaient le sentir ; Mme de Choiseul écrit à Mme

du Deffand : « Il m'a toujours paru un charlatan de vertu. » Mme du Deffand lui répond : « Je hais trop tout ce qui est faux pour avoir la moindre considération pour ce personnage. » L'esprit juste et précis de Mme du Deffand, l'esprit solide et mesuré de Mme de Choiseul, ne pouvaient guère goûter Rousseau. Mais en général il était adulé par les femmes; elles en faisaient un dieu.

Quelles sont donc les idées de Rousseau sur les femmes ?

Elles ne sont pas très flatteuses. Mais quoi! cela rentre dans la théorie de la femme de Sganarelle, qui voulait être battue. Il y a des femmes qui aiment bien être battues ; non pas matériellement, mais les gens qui, au lieu de placer la femme sur un piédestal, lui disent ses vérités, sont préférés. Rousseau qui dit quelquefois les choses avec une brutalité véritable a plu à ses contemporaines.

Quelles sont ses idées? Nous les trouvons dans le cinquième livre de l'Emile. Il imagine un élève idéal et il montre comment on doit élever cet élève, mais ce qui nous intéresse ici c'est la personne qu'il met à côté de son Émile. A ce jeune homme formé d'une manière si extraordinaire, il faut donner une femme. Cette femme, c'est Sophie. Rousseau nous décrit ce personnage idéal. Comment l'élever, cette Sophie ? Tout d'abord Rousseau dit : « Toute l'éducation des femmes doit être relative aux hommes. Leur plaire, leur être utile, se faire aimer et honorer d'eux, les élever jeunes, les soigner grands, les consoler, leur rendre la vie agréable et douce, voilà le devoir des femmes dans tous les temps, et ce qu'on doit leur apprendre dès leur enfance. »

Ainsi, la femme n'existe pas par elle-même, elle n'existe que dans ses rapports avec l'homme. Il n'y a pas à songer à élever la femme pour elle-même il faut diriger toute son éducation en vue de l'homme.

Quelles sont d'après Rousseau les inclinations les plus naturelles aux femmes? C'est le sentiment de la parure, surtout le goût de la toilette. « Les petites filles, dit-il, presque en naissant, aiment la parure... » L'inclination la plus profonde, la plus naturelle des femmes, c'est donc la vanité. Qu'est-ce qu'on apprendra à Sophie avec des inclinations si frivoles et puisqu'il faut toujours songer qu'elle doit plaire aux hommes? On lui apprendra les arts d'agrément, la musique, le chant, la danse. Lire? A douze ans, elle ne saura pas lire; à quoi bon! Si on veut lui faire faire quelques études de cette espèce, qu'on lui apprenne à calculer, c'est très utile dans un ménage.

On apprendra à Sophie la religion. Il ne faut pas qu'on l'apprenne à Emile avant qu'il soit d'âge à pouvoir juger de ces questions; mais il n'y a pas d'âge dans sa vie où une femme soit capable de juger de ces choses là. Une fille doit avoir la religion de sa mère, une femme, celle de son mari; si elles sont dans l'erreur, peu importe; le tort ne retombera pas sur elle. Surtout qu'on ne fasse pas de Sophie une savante, une précieuse; il n'en veut à aucun prix. Les femmes ne sont pas capables d'études abstraites, non plus que de juger des chefs-d'œuvre. Aussi Sophie ne lit rien du tout, elle est livrée uniquement à la bonté de ses instincts, et Rousseau rentre là dans sa théorie générale qui est celle-ci : « Tout est bon sortant des mains de la nature. »

Rousseau à la fin du roman nous montre lui-même les dangers d'une éducation pareille. Sophie épouse Emile. Le ménage marche bien d'abord; mais ensuite Sophie est infidèle. Comme on a négligé de lui donner un esprit solide elle n'a aucun appui, et elle suit ses instincts.

Dans la *Nouvelle-Héloïse*, Rousseau a tracé le portrait de ces héroïnes lyriques et sentimentales qui seront les héroïnes du romantisme. On ne peut se figurer le succés qu'eut cette *Nouvelle-Héloïse*, et combien de larmes elle fit verser. C'est un roman presque illisible pour nous à cause des longueurs, des déclamations, des dissertations. Il est vrai qu'on y trouve des choses meilleures, par exemple ces descriptions de la campagne qui sont la partie la moins discutable de l'œuvre de Rousseau.

Ce que Rousseau prêche partout, c'est la nature, le sentiment naturel, et on peut dire que dans une certaine mesure il a raison. Quand on pense à ces familles du xviii⁰ siècle où il était de la dernière inélégance qu'un mari aimât sa femme, et réciproquement; où ils vivaient séparés, ayant chacun leurs affaires, où les enfants étaient confiés aux domestiques et ne voyaient jamais leurs parents, on ne peut qu'approuver Rousseau d'avoir rappelé qu'il y a de la beauté dans ces choses naturelles. Si seulement il avait loué la nature en style un peu plus simple! Il donne aux femmes le conseil de s'occuper de leurs enfants elles-mêmes; c'est à partir de ce moment qu'il fut à la mode pour les mères d'allaiter leurs enfants; elles firent bientôt étalage de ces sentiments de famille. C'est ce que nous retrouvons dans certains tableaux de Greuze; à l'attitude déclamatoire de ses personnages, on sent qu'ils sont des élèves de Rousseau.

Les idées de Rousseau nous amènent à une époque nouvelle qui va changer complètement la société française. Avant d'aborder cette époque de la Révolution, nous allons revenir sur le xviii⁰ siècle afin de remettre tous ces personnages dans leur décor, et de nous figurer leurs habitations, leur vie, leur costume. Ce sera la leçon de la prochaine fois.

LE DÉCOR ET LE COSTUME AU XVIII° SIÈCLE

MARIE-ANTOINETTE

MESDAMES,

Après avoir étudié les femmes du xviii° siècle dans leurs salons, dans leur correspondance, dans leur pensée, il nous reste à les replacer dans leur décor. Ce décor est tout différent de celui du xvii° siècle. La cour n'a plus grande influence dans le domaine littéraire, mais elle en a davantage pour ce qui concerne le costume, les arts, l'ameublement. C'est alors le règne de Mme de Pompadour, et si son influence a été fâcheuse en politique, il y a moins à la critiquer dans le domaine des arts. Elle est intelligente, artiste, même artiste pratiquante; musicienne, peintre, graveur. Elle attire autour d'elle les artistes, les protège; et le nom de *style Pompadour* a été employé depuis pour désigner le caractère particulier des arts de l'époque, peinture, décoration, ameublement, étoffes, costumes.

Au siècle précédent on cherchait avant tout la grandeur, la noblesse, un certain apparat. Quelques critiques trouvent même dans cet art quelque chose de théâtral. C'est vrai si on le prend dans son expression exagérée, dans les peintures décoratives de Lebrun par exemple. Il y a là une majesté un peu extérieure, une recherche des effets de la grandeur, qui vaut moins que la grandeur toute simple, mais il serait injuste d'adresser ce reproche à tout l'art du siècle de Louis XIV.

Quoi qu'il en soit, l'art du xviiie siècle ne veut plus se soumettre à cette obligation d'apparat, d'extérieur et d'étiquette ; c'est pourquoi les appartements seront plus commodes, les chambres plus petites. Celles d'entre vous qui connaissent l'Europe et qui ont visité Versailles savent qu'il y a une différence entre les *grands appartements* du château et ce qu'on appelle les *petits appartements*, avec leurs chambres exiguës, munies de dégagements, desservies par d'étroits corridors (qui d'ailleurs ne nous semblent pas aujourd'hui réaliser l'idéal de la distribution). Dans ces pièces, chambres ou salons, les murs sont souvent lambrissés, revêtus de boiseries très jolies et fines, où sont encastrées des peintures représentant des scènes galantes, des bergeries, avec des personnages élégants et pimpants placés dans des paysages moitié naturels, moitié artificiels ; car dans ce goût pour la nature qu'affecte le xviiie siècle, il y a beaucoup de convenance. Mais tout cela est extrêmement joli, fin et comme les couleurs sont très harmonieuses, il en résulte que le décor entier donne une impression d'élégance, de distinction et de grâce. On abandonne dans l'ameublement les lignes rigides du temps de Louis XIV ; sous Louis XV les lignes s'infléchissent, les surfaces se courbent, se gondolent ; la mode est aux meubles ventrus ; les frontons affectent des lignes sinueuses. Tout cela est gracieux (on a dit que la ligne courbe a plus de grâce que la ligne droite, parce qu'elle, donne l'idée du mouvement, tandis que la ligne droite est plutôt un symbole d'immobilité). Il y a donc de la grâce dans ces décors du temps de Louis XV; mais lorsqu'elle s'exagère on tombe assez vite dans le maniéré un peu précieux. C'est ce qui est arrivé à la fin du xviiie siècle.

Les décorations de meubles se composent de guirlandes en cuivre doré, de poignées. Il y a des incrustations, des marqueteries, des vernis, des laques. C'est à cette époque qu'on a inventé le célèbre vernis Martin.

Le costume féminin est en rapport avec toute cette décoration. Il est piquant, pimpant; il donne, lui aussi, un peu une impression de factice et d'artificiel. C'est le moment des *paniers*; la mode en vint d'Angleterre. L'Angleterre, qui passe pour un pays très pratique, a inventé cette chose qui l'est si peu. Elle ne l'a cependant pas inventée de toutes pièces, puisqu'on avait vu auparavant le vertugadin. A certaines époques de l'histoire, les femmes ont éprouvé le besoin d'élargir leur silhouette; c'est ainsi que plus tard, sous le second Empire, on verra la *crinoline*, bien plus anti-esthétique encore que le vertugadin et le panier.

La manière de draper la robe sur le panier changea, comme aussi la manière de la garnir. On porte encore au xviiie siècle la jupe longue, mais on voit aussi beaucoup de jupes courtes, laissant voir le pied, ce qui donne à la personne féminine ainsi habillée un caractère pimpant et léger. Les souliers sont agrémentés de talons hauts, les *talons Louis XV*, peu commodes pour la marche, mais les dames distinguées du xviiie siècle ne marchaient pas; quand on sortait c'était en carrosse. On se promenait bien dans les allées d'un parc, mais ce n'était pas là à proprement parler de la marche.

La coiffure a varié. Elle est basse à l'époque de la Régence et poudrée, mais bientôt tout en restant poudrée, elle se hausse. Les cheveux se relèvent très haut au-dessus du front, des tempes et de la nuque, et ils finissent par former des échafaudages extraordinaires qu'on couronnait de dentelles ou d'empanachements de plumes. C'était au point que les femmes ne pouvaient plus se tenir assises dans leurs voitures ; elles étaient obligées de se courber ou de s'agenouiller.

Le costume alla se compliquant de plus en plus, s'éloignant toujours davantage du naturel et de la simplicité ; et cependant ce sont ces mêmes dames, ainsi vêtues, que nous verrons verser des larmes dès qu'on fera allusion aux simples sentiments de famille, l'amour filial, l'amour maternel, qui leur paraissent profondément attendrissants. En paniers, enrubannées, perchées sur leurs talons, elles vont s'enthousiasmer pour la vie naturelle de la campagne ; et cela nous mène à Trianon.

Le nom de Trianon appelle celui de Marie-Antoinette, qui personnifia brillamment cette société des derniers jours de la monarchie française. La destinée de Marie-Antoinette fut tragique ; aussi son nom est connu de tous et les visiteurs cherchent son souvenir à Versailles et à Trianon.

Pendant très longtemps, les reines de France n'ont joué aucun rôle. De Marie-Thérèse, de Marie Leckzinska, il n'est jamais question. C'est Mme de Montespan, c'est Mme de Pompadour, c'est Mme du Barry qu'on nomme. Marie-Antoinette a joué un rôle, qui ne fut pas toujours heureux, mais qui la distingue des autres reines, et c'est la dernière Reine de France de l'ancien régime.

Nous touchons avec Marie-Antoinette à la Révolution Française, mais il ne faut pas oublier qu'entre la date de l'avénement de Louis XVI et la date de

la Révolution, il y a une période de plusieurs années.
Louis XV meurt en 1774, le commencement de la
Révolution est marqué par la réunion des États-
Généraux en 1789. Dans cet intervalle c'est la vie
du xviiie siècle qui continue. Les salons existent
encore ; Mme du Deffand ne meurt qu'en 1780, Mlle de
Lespinasse en 1776; Voltaire et Rousseau ne dispa-
raissent qu'en 1778. Il est vrai que la société prend
de plus en plus un caractère *philosophique* : on se
passionne pour les réformes et pour l'esprit nouveau.
Peut-être qu'un des torts de Marie-Antoinette a été
de rester trop étrangère à cet esprit nouveau, et de ne
prendre dans les mœurs du temps que ce qu'elles
avaient de plus frivole et de plus superficiel. A ce
moment il y avait autre chose à faire pour une souveraine de France que de s'amuser, et le grand malheur
de Marie-Antoinette a été justement d'avoir un goût
excessif pour les plaisirs.

Elle arrive toute jeune à cette cour finissante de
Louis XV au moment où tout le monde était indigné
du scandale de la faveur de Mme du Barry. On était
pourtant assez facile sur le chapitre des mœurs à
cette époque, mais cette fois Louis XV avait véritablement dépassé la mesure. C'est en vain qu'on avait
présenté la nouvelle favorite. L'histoire de cette
présentation avait été un vrai drame, un scandale.
Longtemps la cour avait cru qu'on n'oserait pas pré-
senter Mme du Barry, car une fois présentée, elle
pouvait s'asseoir à la table du roi et être mise en
contact avec la famille royale; or il y avait des princesses très honnêtes qui s'indignaient à l'idée de cette
promiscuité. Mme du Barry était d'extraction très
basse. Pour lui donner un vernis de noblesse per-
mettant la présentation, on la maria avec un sei-
gneur du Barry (et pour ce mariage on produisit
des pièces falsifiées). La présentation eut lieu ; mais
malgré cela il y avait peu de dames à la cour qui

voulussent s'humilier jusqu'à adresser la parole à Mme du Barry. Les étrangers remarquaient cet ostracisme persistant. La favorite avait à dévorer de tels affronts qu'une âme même médiocrement fière n'aurait pu les tolérer; mais Mme du Barry paraît avoir été une nature extrêmement basse et vulgaire. Elle n'était pas particulièrement méchante (quoiqu'elle ne se refusât pas le plaisir de quelques vengeances quand l'occasion s'en présentait) mais elle était bien pire. Quoi de pis que ces personnes qui après qu'on les a écrasées de dédain, qu'on leur a marqué son mépris, reviennent encore quêter un accueil et une parole, s'obstinant à arracher à la lassitude des gens quelque témoignage d'indifférente politesse qu'on leur donne pour se débarrasser d'elles?

Le dauphin, petit-fils de Louis XIV, le futur Louis XVI, gardait devant la favorite une attitude de mépris intransigeant qui lui fait honneur. Marie-Antoinette, devenue dauphine, prit la même attitude.

Marie-Antoinette était une archiduchesse d'Autriche, fille de la grande impératrice Marie-Thérèse qui s'était montrée si héroïque quand, à son avènement au trône, on lui disputait sa couronne et qu'elle répondait à ses ennemis en faisant appel à la fidélité de ses Hongrois. Marie-Antoinette était un des nombreux enfants de cette grande souveraine. Elle appartenait donc à une des premières familles régnantes d'Europe, et elle venait occuper un trône qui était encore un des premiers trônes du monde. Elle arrivait toute jeune à cette Cour de France. Très jolie, très vive, très spirituelle, elle fut vite populaire; on lui savait gré surtout du mépris qu'elle témoignait à Mme du Barry. Il est curieux de voir, dans les écrits du temps, tout ce que faisait Mme du Barry pour obtenir que la Dauphine voulût bien lui faire un signe ou lui adresser une parole. Ce fut une victoire pour elle, le jour où Marie-Antoinette, dans un cercle de personnes où se trouvait Mᵐᵉ du Barry, passa devant cette dernière et dit d'une manière indifférente, en la regardant « Il y a bien du monde aujourd'hui ». Triomphe! La Dauphine lui a parlé.

Dans Paris le peuple couvrait le Dauphin et la Dauphine d'acclamations. Le roi avait perdu tout prestige; tout le monde sentait les hontes du règne; mais on mettait tout son espoir dans le règne futur. On était heureux de voir le futur Louis XVI se tenir à l'écart des scandales de la cour et donner l'exemple de la vie la plus régulière.

On peut dire que lorsque Louis XVI et Marie-Antoinette arrivèrent au trône ils avaient tous les atouts du jeu dans les mains. Tout leur souriait; la France attendait d'eux des merveilles, et on peut se demander comment Marie-Antoinette a perdu cette popularité.

Il faut bien reconnaître qu'elle avait des défauts, à côté de ses qualités réelles, qui étaient la fierté, la franchise et le courage. Elle était frivole, peu semblable en cela, à Marie-Thérèse. Nous possédons la correspondance échangée entre la mère et la fille. Marie-Thérèse dans ses lettres, fait souvent des observations, reproche à sa fille d'être trop frivole et lui conseille de mener une vie plus sérieuse. Marie-Antoinette avait un goût excessif pour la toilette; elle aimait à se parer parce qu'elle était jolie; mais une personne jolie n'a pas besoin de toilette pour se parer; il lui suffit de paraître. Elle dépensait beaucoup, et malheureusement à un moment où les finances de la France ne permettaient pas de gaspiller en futilités des sommes énormes qui eussent été mieux employées à autre chose. Marie-Antoinette ne paraît pas en avoir eu le sentiment. En même temps, elle n'a pas l'esprit sérieux; elle n'a aucun goût intellectuel, excepté pour la musique; à part cela, elle est très ignorante; malgré les conseils de sa mère, elle ne peut se résoudre à faire cesser cette ignorance par quelques lectures un peu sérieuses.

La conversation dans l'entourage de Marie-Antoinette ne rappelait guère celle des salons de Mme du Deffand ou de Mlle de Lespinasse. C'étaient de simples propos mondains, des médisances ; on parlait beaucoup de théâtre. Aussitôt qu'on mettait sur le tapis des questions moins frivoles touchant au gouvernement ou à la politique, la reine détournait la conversation ; ces choses ne l'intéressaient pas. C'était d'autant plus fâcheux qu'elle devait être amenée plus tard à se mêler de politique. Elle y montra peu de compétence. Voici ce que lui écrit à ce sujet son frère l'empereur Joseph II : « De quoi vous mêlez-vous de vouloir faire changer les ministres, de placer vos créatures ici ou là ! Vous n'y entendez rien ; savez-vous ce qui convient à la monarchie française? Vous êtes une aimable jeune personne, occupez-vous de votre toilette et de vos plaisirs ».

Marie-Antoinette traitait aussi trop légèrement un certain nombre d'obligations certainement ennuyeuses mais qui font partie des devoirs des souverains. On en avait assez de l'étiquette du temps de Louis XIV. Sans doute elle avait été exagérée, mais maintenant on exagérait en sens inverse. Marie-Antoinette ne voulait pas se plier à ces cérémonies officielles où il faut garder toujours l'attitude de la souveraineté et où on fait à tous un accueil à peu près égal. Rappelons-nous Louis XIV, avec quelle science et quel tact il savait s'adresser à tous, et dire à chacun, avec le ton voulu, la parole qui convenait. Ces réceptions ne sont pas un amusement pour les souverains; il est plus agréable d'écouter ses sympathies, mais cette préférence si marquée qu'on donne aux uns et cet abandon dans lequel on laisse les autres sont faits pour susciter des jalousies et des colères. Marie-Antoinette avait des amitiés trop particulières, qui aboutissaient à former de véritables coteries ; d'où, en dehors du cercle privilégié, des mécontentements, des jalousies, des haines. Peu soucieuse de l'étiquette, elle se laissait entraîner aussi à des imprudences de conduite. Elle s'en allait à l'Opéra en des équipages qui n'étaient pas dignes d'une reine de France, et risquait ainsi des aventures que la calomnie exploitait et travestissait. Il est beau de ne pas se soucier de l'opinion lorsqu'il s'agit d'obéir à un devoir de conscience ; c'est moins beau lorsqu'il n'est question que de se soustraire à des obligations fastidieuses, pour se donner un peu plus de plaisir personnel.

Elle faisait aussi trop de place dans sa conduite aux avis qui lui venaient d'Autriche. Rien de plus légitime assurément que cette correspondance entretenue avec sa mère Marie-Thérèse, avec son frère, Joseph II ; mais à condition de n'y pas traiter des affaires de France. Or sur ce point la mesure ne fut pas assez gardée. Trop souvent la famille de Marie-Antoinette ou les ministres autrichiens la dirigèrent dans le sens des intérêts de l'Autriche. On raconte même qu'une fois qu'elle demandait au ministre des Affaires Étrangères, Vergennes, une chose qui aurait été utile à l'Autriche, il lui répondit : « Je parle en ce moment à la mère du Dauphin et non à la sœur de l'Empereur. » Marie-Antoinette ne sentait pas assez qu'elle était avant tout la femme du roi de France, la mère du Dauphin.

Au moment de la mort de Louis XV, Louis XVI et Marie-Antoinette sont encore dans toute leur popularité. C'est le beau moment de tous les espoirs. On s'imagine qu'on va réaliser le bonheur du genre humain, que le nouveau règne effacera toutes les hontes du passé, que le nouveau roi comprendra les nouvelles aspirations et fera les réformes. De même que le Dauphin et la Dauphine étaient acclamés dans les dernières années du règne de Louis XV, le roi

et la reine sont acclamés à l'avènement de Louis XVI.
Le sacre de Louis XVI a lieu en grande pompe à
Reims au milieu de l'enthousiasme. On applaudit aux
bonnes intentions du Roi, quand on le voit prendre
pour ministres Turgot et Malesherbes ou quand il
accorde son appui aux révoltés d'Amérique contre
l'Angleterre, guerre qui aboutira à donner l'indépendance aux Etats-Unis. La cause des *insurgents*,
comme on les appelait, était extrêmement populaire
en France; les jeunes seigneurs partaient pour aller
combattre dans les rangs des Américains. Le plus
célèbre de ces jeunes nobles qui s'en allèrent ainsi
en Amérique, c'est La Fayette. Et quel enthousiasme
quand Franklin vint en France! Il avait deux grandes qualités aux yeux des Français d'alors : il était
le représentant des *insurgents* d'Amérique et on
voyait en eux les défenseurs de la cause de la
liberté; et puis il était très simple, il avait des manières démocratiques, et c'était alors la grande mode
de la rusticité. C'était Rousseau qui avait inspiré ces
idées; on était heureux de voir dans Franklin un
homme de la nature, et les grands seigneurs de Versailles, si peu simples eux-mêmes, le trouvaient admirable.

On peut dire qu'il y a un rayonnement d'espérance
dans ces premières années du règne de Louis XVI,
mais cela ne dura pas. La reine travaille elle-même à
son impopularité ; elle multiplie les dépenses déraisonnables, d'autant plus déraisonnables alors qu'on
ne savait comment remédier à la situation financière
de la France. Elle ne songe qu'à la toilette, aux fêtes,
perd beaucoup d'argent au jeu, fait des libéralités
excessives à ses amies et à leurs familles, surtout à
cette famille Polignac, si âpre à demander sans cesse
de l'argent et des places ; on savait bien dans le
public qu'il y avait là un gouffre où des sommes incal-
culables s'engloutissaient. En même temps, la reine

multiplie les imprudences de conduite ; il n'y avait là
sans doute que des apparences d'irrégularité, mais
elles sont graves lorsqu'on occupe la situation la
plus élevée du Royaume.

Marie-Antoinette eut une influence malheureuse en
politique ; elle n'y avait aucune aptitude ; la culture
nécessaire pour la comprendre lui manquait. Elle ne
fit qu'obéir à ses rancunes, à ses sentiments particuliers. Elle est responsable en grande partie des mesures si fâcheuses prises par Louis XVI lorsqu'il renvoya
les ministres réformateurs qui auraient pu empêcher
peut-être les tragiques événements de la Révolution :
Turgot, Malesherbes. Louis XIV, par faiblesse, car
il était dominé par sa femme, se sépara d'eux ; c'est un
des actes qui ont le plus contribué à l'impopularité de
la monarchie ; on savait que la reine y était pour quelque chose, on savait aussi qu'elle continuait à cor-
respondre amicalement avec sa famille autrichienne
et comme à mesure que la Révolution approchait,
les relations se tendaient entre la France et l'Autriche — d'ailleurs on aboutira à une déclaration de
guerre — le sentiment qu'on avait des rapports de
la reine avec les Autrichiens (où il n'était pas seulement question de sentiments de famille, mais aussi
de politique), contribuait à son impopularité. On l'appelait *l'Autrichienne*. On l'appelait aussi *Madame
Déficit*, parce qu'on disait que le déficit de la monarchie française, qui allait aboutir à une espèce de ban-
queroute, était son œuvre. Il est vrai qu'elle jetait
l'argent sans compter, mais il va sans dire que cet
immense déficit de la monarchie française remontait
beaucoup plus haut qu'à Marie-Antoinette.

Dans les années qui précèdent la Révolution Française, nous imaginons volontiers Marie-Antoinette à
Trianon ; c'est là qu'on aime à se la figurer. Marie-
Antoinette avait obtenu du Roi le don de ce petit
château de Trianon ; elle l'avait fait arranger à son

goût. A cette époque on n'aimait plus les grandes allées droites dessinées par Le Nôtre au temps de Louis XIV avec des perspectives très longues et très nobles, et ces arbres taillés qu'on voit encore à Versailles. Au lieu des parterres réguliers à la française, on voulait quelque chose qui rappelât davantage la nature. Or la nature ne dessine pas des allées droites ; les choses sont beaucoup plus fantaisistes dans un bois auquel la main de l'homme n'a pas touché. Cependant, si on s'en était tenu à la nature, on aurait eu des jardins inextricables. Il fallait donc trouver un compromis : ce fut le jardin qu'on appelait *à l'anglaise*, avec des allées sinueuses, des bosquets, des pelouses. C'est ainsi que Marie-Antoinette fit disposer son jardin de Trianon. Elle y fit élever de petits monuments gracieux, le temple de l'Amour, le Belvédère, qui subsistent encore. On construisit aussi un hameau, qu'on visite encore aujourd'hui ; il se composait d'une douzaine de petites maisons de village. Bien entendu c'est là de la nature factice. Il y avait une laiterie où la reine et ses amies aimaient à aller faire le lait elles-mêmes. On dit même que le roi et la reine, les seigneurs et les dames se déguisaient en bergers et menaient là une vie de roman, mais c'est une histoire qui n'a rien d'authentique.

On s'habillait à Trianon avec des costumes très simples, des robes de linon, des fichus de mousseline. Cette simplicité et cette rusticité n'étaient au fond qu'un jeu. On voulait seulement se soustraire à la contrainte de l'étiquette, et non sacrifier les futilités. La vie futile continuait à Trianon, avec plus de liberté voilà tout. On ne renonçait ni au jeu, ni à la dépense ni aux faveurs souvent coûteuses faites à la petite coterie des amis.

Les plaisirs étaient le théâtre, la promenade, souvent la promenade nocturne ; on plaçait des illuminations dissimulées dans les bosquets, qui créaient, disent les écrits du temps, une atmosphère lumineuse et aérienne.

Au milieu de tous ces amusements qui auraient été assez innocents si ce n'est qu'ils se plaçaient mal à une époque où il y avait autre chose à faire, la popularité de Marie-Antoinette s'était évanouie et avait fait place à une impopularité extraordinaire, qui éclata dans la célèbre affaire du collier. Cette affaire est élucidée aujourd'hui, on sait à quoi elle se réduit. Le cardinal de Rohan était en disgrâce, il tenait à retrouver la faveur de Marie-Antoinette. Une intrigante, la comtesse de La Mothe, lui persuada que la reine avait envie d'un collier extrèmement coûteux et que s'il consentait à l'acheter en son nom, elle lui rendrait ses bonnes grâces et celles du Roi. Le cardinal se laissa convaincre ; il acheta le collier pour le compte de la reine et le remit à la comtesse de La Mothe, qui le garda. Au bout de quelque temps, le joaillier étonné de ne pas être payé fit réclamer le paiement à la reine. La reine ignorait tout de cette affaire ; elle exigea qu'elle fût tirée au clair ; il y eut un procès dans lequel on prouva que le cardinal de Rohan avait été dupe et non fripon ; mais l'opinion publique était tellement surexcitée que, quand on proclama l'innocence du cardinal, tout le monde applaudit, ce qui était une manière de condamner la reine. Le public resta persuadé que la reine avait voulu avoir le collier. Si elle n'avait pas eu des goûts de toilette et de folles dépenses, personne sans doute ne l'eût accusée. C'est ici un exemple des calomnies qui ont poursuivi Marie-Antoinette, et qui inspireraient de la sympathie pour elle, si elle n'avait trop souvent donné prise à la malveillance par des torts très réels.

On arrive ainsi à 1789 ; la monarchie est aux abois ; on ne peut plus se tirer des difficultés financières ; on recourt alors au dernier des remèdes : la convocation des Etats-Généraux. Ces Etats-Généraux appelés seulement pour débrouiller une situation financière inextricable, se regardèrent comme chargés en même temps d'une œuvre politique. Ils changèrent entièrement la constitution de la France ; dorénavant le Roi ne fut plus le seul maître du Royaume ; la nation dut être consultée. Ce fut alors la monarchie constitutionnelle. Le Roi continuait à régner, mais non plus seul. On abandonnait les principes séculaires de la monarchie française pour en adopter de nouveaux. C'était le déplacement de la souveraineté, qui était jusqu'alors dans le Roi et sera dorénavant dans la nation. Le bouleversement était si profond qu'on comprend très bien que pour un Roi comme Louis XVI il fût difficile à accepter ; à ses yeux il y avait là une atteinte à ce qu'il considérait comme ses droits. Mais d'autre part il n'avait pas l'énergie nécessaire pour prendre nettement le parti de la résistance ; de là cette politique équivoque qui fut la sienne et qui était la plus maladroite de toutes. Sous le coup de la nécessité, il accepte tout ce qu'on lui demande, il prête serment à la constitution ; et en dessous il travaille à démolir cette constitution. Marie-Antoinette est ici responsable, car elle avait une grande influence sur le roi, et elle inspira souvent sa conduite. Louis XVI l'écoutait d'autant plus que ses instincts l'inclinaient du même côté. Il est difficile à un roi, héritier d'une monarchie vieille de tant de siècles, de changer tout à coup ses principes, et d'admettre des idées nouvelles qui sont la négation même de l'ancien ordre social.

Mais cette politique double fit le malheur de Louis XVI. Il aurait fallu ou accepter franchement le nouvel état de choses, ou s'y opposer franchement. Rien de plus mauvais que de donner d'une main et de retirer de l'autre. On était convaincu que le Roi et la Reine trompaient la nation, qu'ils trahissaient. On savait que les relations ne cessaient pas entre la famille royale et la Cour d'Autriche. Il arriva un moment où ces relations qui n'avaient été qu'imprudentes, devinrent coupables, puisque la guerre éclata entre la France et l'Autriche. Et, ce qui est plus grave, c'est que Louis XVI et Marie-Antoinette invoquaient l'appui militaire de l'Autriche contre leurs propres sujets. Il y a des lettres de la Reine qui indiquent aux Autrichiens les ordres donnés pour la marche de l'armée française : cela s'appelle de la trahison, en style clair et net. Mais Marie-Antoinette et Louis XVI voyaient dans la Révolution un égarement et une folie, et ils s'imaginaient rendre service à la France elle-même en appelant les étrangers à l'aide. Les Français, naturellement, n'ont jamais accepté cette théorie. Et cependant le roi et la reine conservaient des sentiments français. Un jour on racontait à Marie-Antoinette l'histoire d'un émigré à la cour d'Autriche : l'Empereur lui montrant les belles troupes autrichiennes lui dit : « Voilà de quoi bien battre les sans-culottes. — C'est ce qu'il faudra voir, Sire », répondit vivement l'émigré. Quand on lui rapporta cette parole, Marie-Antoinette s'écria : « Quel est ce bon Français ? le roi devrait le récompenser ». On ne s'explique pas alors par quelle aberration, par quel manque de sens politique et patriotique, Louis XVI et Marie-Antoinette purent se laisser entraîner à avoir des intelligences avec l'ennemi.

Dans cette lutte contre la Révolution, la reine garda du moins ce caractère qui lui était propre : l'intrépidité. Elle ne s'est jamais refusée au danger ; toutes les fois qu'il y a eu péril, toutes les fois même que la vie du roi pouvait être menacée, elle était à ses côtés et aux côtés de ses enfants.

La journée révolutionnaire du 10 août marque la fin de la royauté. C'est une émeute populaire soulevée en partie par le sentiment qu'on avait que les armées étrangères avançaient avec la complicité de la Royauté.

A partir de ce jour, Louis XVI et Marie-Antoinette sont enfermés dans la prison du Temple, il n'est plus question pour eux de faire de la politique. Alors les qualités privées qui avaient été celles de cette famille se retrouvèrent entières : Tous, le roi, la reine, Mme Elisabeth, sœur de Louis XVI, donnèrent l'exemple du courage et de la dignité dans le malheur. On comprend très bien qu'autour de cette histoire lugubre, il se soit formé comme une légende de martyre. Toute une littérature royaliste en est issue, riche en récits qui ressemblent à des vies de saints. Il y a là de l'exagération, car jusqu'au moment de la Révolution, Marie-Antoinette n'a pas été une sainte. Louis XVI avait montré des qualités plus sérieuses ; il était pénétré du désir de faire le bonheur de son peuple.

C'est une tendance naturelle et généreuse de l'âme humaine de vouloir revêtir de toutes les vertus ceux qui ont été malheureux, et Louis XVI et Marie-Antoinette ont été si malheureux, que même ceux qui condamnent leurs fautes et leur entente avec l'étranger hésitent à prononcer sur eux un jugement trop sévère et s'arrêtent devant l'expiation vraiment horrible et tragique qui leur a été imposée par le destin. Pour Louis XVI c'est le jugement à la barre de la Convention, la condamnation à mort, la séparation si pathétique du roi d'avec sa famille, puis l'exécution. Les derniers jours de Marie-Antoinette sont un véritable martyre ; sa noble attitude dans ces jours de malheur attire notre sympathie, surtout quand on considère quels sont les hommes contre qui elle combat : les bourreaux, le tribunal révolutionnaire, tout ce personnel médiocre et subalterne de la Révolution. Il suffit de lire les procès-verbaux de quelques interrogatoires et de quelques jugements (par exemple dans le procès d'André Chénier) pour se rendre compte de l'extraordinaire bassesse de tous ces gens. On est effrayé de voir entre les mains de quels misérables se trouvait le destin de tant de personnes qui pouvaient avoir de la vertu ou du génie.

Marie-Antoinette se montra dans le malheur la digne fille de Marie-Thérèse ; elle eut toute la fierté, toute la hauteur qui conviennent quand on se trouve en présence de pareils misérables, les bas-fonds de l'humanité. Nous aimons dans ces moments à trouver quelquefois dans la bouche des victimes un accent d'ironie supérieure qui tombe sur le tribunal et qui le juge. Mais cette attitude pour ainsi dire libre et désintéressée ne pouvait pas être celle de Marie-Antoinette qui avait vu partir son mari pour l'échafaud, qui était elle-même près d'y monter, et qui songeait au martyre de ses enfants. Elle n'eut pas d'ironie, mais des accents de fierté et d'indignation, quand ses juges voulurent la déshonorer par leurs accusations, et qu'ils se déshonorèrent eux-mêmes. Séparée de ses enfants, transférée à la Conciergerie, elle monta sur l'échafaud le 16 octobre 1793. Louis XVI était mort le 21 janvier de la même année.

Quand nous songeons à Marie-Antoinette nous la voyons sous deux aspects : d'abord, Dauphine et Reine de France, dans un décor élégant, gracieux, à Trianon, entourée de tous ses amis et se livrant au plaisir, affranchie de l'étiquette, jouissant des charmes de l'amitié et de la familiarité. Et nous la revoyons ensuite dans une situation plus tragique, au moment de l'agonie de la Royauté, puis en prison, dans un étroit cachot de la Conciergerie. Entre ces deux visions si différentes, il devient difficile de porter un jugement. Ou plutôt on ne peut porter un jugement unique. Marie-Antoinette n'est pas cette grande criminelle que la Révolution a cru voir ; elle a été certainement coupable de beaucoup d'imprudences ; surtout elle n'a pas eu le sens politique, et malheureusement elle s'est beaucoup mêlée de politique ; il en est résulté que son action a été fâcheuse. Mais lorsqu'on la retrouve dans ses derniers jours avec cette attitude si fière et si courageuse, on ne peut pas s'empêcher d'être de son côté.

Il y a eu d'autres victimes féminines de la Révolution : Mme Roland, Charlotte Corday (celle qu'on a appelé « l'ange de l'assassinat »), et quantité d'autres femmes que le tribunal révolutionnaire envoyait à la mort. C'est un moment lugubre dans l'histoire de France ; on fait de véritables hécatombes humaines. On met à mort pour un mot ; pour moins qu'un mot, pour une pensée ; pour moins qu'une pensée, pour la simple raison qu'on appartenait à une classe ou à une famille. Ç'a été un accès révolutionnaire qui n'a pas duré très longtemps, mais a suffi pour faire beaucoup de victimes.

Marie-Antoinette fut, avec Louis XVI, la plus illustre victime de la Terreur.

VINGT-QUATRIÈME CONFÉRENCE

14 MARS 1910

LES FEMMES FRANÇAISES A L'ÉPOQUE RÉVOLUTIONNAIRE

MADAME DE STAËL

Mesdames,

Avec l'histoire de Marie-Antoinette, nous avons pénétré dans l'époque tragique de la Révolution. C'est le moment où les esprits sont surexcités par la guerre, par la marche des étrangers, par la coalition qui s'est formée, par la conviction aussi que le parti contre-révolutionnaire est de connivence avec l'étranger, si bien qu'on croit voir partout des traîtres, des conjurations, des intrigues. Les révolutionnaires les plus exaltés finissaient par être regardés à leur tour comme des réactionnaires et des traîtres. C'est ainsi qu'on vit monter sur l'échafaud Danton, par exemple. Ce n'est que par une espèce de crise nationale pathologique que nous pouvons expliquer ces emprisonnements, ces jugements véritablement dérisoires, prononcés en dehors de toute justice, ces exécutions sommaires. C'est une époque tragique et nous aurions bien des exemples à citer, soit parmi ceux qui ont su mourir, soit parmi ceux qui ont essayé de sauver des victimes.

Parmi les victimes féminines les plus célèbres de cette hécatombe, il faut nommer Mme Roland. C'est une figure très intéressante. Elle appartient à la bourgeoisie ; fille d'un graveur, née à Paris, elle a fait son éducation elle-même en dévorant des livres ; elle s'est nourrie des *Vies des Hommes illustres* de Plutarque. Il y a là des exemples de vertu, de courage, d'amour de la liberté, et beaucoup d'âmes de l'époque révolutionnaire se sont exaltées par cette lecture ; par exemple Bonaparte. Mme Roland n'a pas lu seulement Plutarque, qui présente l'héroïsme sous des formes plutôt simples ; elle a lu aussi Rousseau et c'est ce qui explique qu'elle ait mis dans ses écrits ce ton déclamatoire dont il faut bien prendre notre parti quand nous arrivons à l'époque révolutionnaire. Presque tout le monde alors déclamait ; l'éloquence des plus grands orateurs, des Girondins par exemple, cette éloquence célèbre qui a eu de si beaux élans, est pleine, elle aussi, de déclamation. Les sentiments étaient sincères si le style était mauvais.

Mme Roland a laissé des *Mémoires*, où elle raconte comment elle s'est formée, comment elle a passé sa jeunesse et comment ses idées ont commencé à fermenter dans son cerveau. Elle épousa Roland, beaucoup plus âgé qu'elle, et qui fit partie sous Louis XVI du ministère girondin. Mme Roland inspira son mari dans toute sa politique. Plus d'une lettre ou pièce signée par Roland a été rédigée par sa femme. Mais le parti girondin dont elle était l'âme tomba sous les coups d'un parti plus exalté, et elle fut une des victimes de ce mouvement. Lors de la proscription des Girondins, elle fut arrêtée et attendit en prison son jugement qui n'était pas douteux. Le tribunal révolutionnaire la condamna à mort. On raconte qu'en passant devant une statue de la liberté, elle s'écria : « O liberté, que de crimes on commet en ton nom! » Elle monta sur l'échafaud héroïquement, encourageant un homme qui mourait à ses côtés, sereine et souriante. Tout en gardant pendant sa vie à son mari Roland une affection profonde, elle avait eu une passion d'amour, mais qui resta pure, pour un des Girondins, Buzot, et c'est à lui qu'elle pensait en écrivant dans sa prison : « Et toi que je n'ose nommer... »

Une autre héroïne de ce temps, et montée au même diapason d'héroïsme exalté, c'est Charlotte Corday. Elle appartenait à une famille apparentée à celle de Corneille, et on a dit qu'elle avait quelque chose des héros cornéliens. Elle aussi était enthousiaste, passionnée pour la liberté et la vertu. Elle rêva de délivrer la France de la Terreur et des tyrans. Marat, celui qui demandait toujours des têtes et du sang, lui paraissait le plus abominable de tous. Elle l'assassina. Sans doute elle pensait comme Mme Roland : « La liberté! Elle est pour les âmes fières qui méprisent la mort et savent à propos la donner. » Mais cet assassinat ne servit à rien, car ce qui rend possible le règne d'un homme comme Marat, c'est la lâcheté qui le tolère. Il aurait fallu supprimer avec Marat la lâcheté des gens qui se laissaient gouverner par un fou tel que lui. Nous l'avons déjà dit à propos de César, ce n'est pas par un meurtre qu'on libère une nation. Marat fut considéré comme un martyr, on fit son apothéose, et on envoya à la mort Charlotte Corday. Elle monta sur l'échafaud avec cette vertu républicaine, à la Plutarque, qui remplissait son âme. André Chénier a fait sur Charlotte Corday de beaux vers pleins d'une indignation vengeresse. Il la glorifie, il s'écrie :

Seule tu fus un homme et vengeas les humains.

Mais ce qui fait la tyrannie, ce n'est pas un homme,

c'est un état de choses, et c'est cet état de choses qu'il faut changer.

Beaucoup d'autres femmes encore montèrent héroïquement sur l'échafaud. La vie alors était tragique, la mort présente à tous; chacun pouvait dire : « A qui le tour demain? » On était préparé; on savait mourir. Tous les partis payèrent leur tribut, jusqu'aux révolutionnaires les plus farouches. Et tous, royalistes, modérés, exaltés, moururent vaillamment. On a raconté d'ailleurs que dans les prisons on en arrivait à mener la vie comme si la mort n'avait pas dû vous saisir dès le lendemain. On avait emprisonné des gens de la société la plus cultivée, la plus élégante, et il y avait encore, pour ainsi dire, des salons dans les prisons de la Terreur. On y causait, on y nouait des intrigues galantes. Un jour, on appelait devant le tribunal un prisonnier; il s'en allait et ne revenait plus; le lendemain c'était un autre. André Chénier, dans ses *Iambes* si éloquents, a peint cette vie étrange qu'on menait sous le couperet de la Terreur.

Quelques femmes de ce temps n'ont pas joué le rôle d'héroïnes, mais bien plutôt celui de véritables furies. On dit que les femmes sont ou meilleures ou pires que les hommes. Certaines femmes de la Révolution ont montré une vraie fureur de bêtes fauves. On cite ces fameuses *tricoteuses* qui venaient tricoter dans les tribunes de l'Assemblée, applaudissant à outrance les députés jacobins et couvrant de huées ceux qui n'étaient pas assez *purs*. On les voit dans les rues, ces mêmes femmes, se mêlant aux émeutes ou bien jouant le rôle de *flagelleuses*; elles saisissaient les femmes qui ne leur paraissaient pas d'un civisme assez pur, et elles les fouettaient en pleine rue. Ce sont elles aussi qu'on voit suivre les charretées de victimes, jouissant de ce spectacle comme si elles avaient pris leur plaisir dans le sang.

Ces sortes de femmes sont le rebus de l'espéce ; on ne peut avoir pour elles que du mépris et du dégoût ; heureusement, il y en avait d'autres.

Puisque la Révolution changeait toute la société, nous pouvons nous demander si elle n'a pas apporté aussi un changement dans la condition de la femme. En effet, le changement dans les lois fut important. Le principe de l'égalité fut proclamé dans la famille, de même qu'il l'était dans l'État. Dès 1790, on abolit le droit d'ainesse et le privilége des mâles en matière de succession. A partir de ce moment-là, tous les enfants d'une même famille hériteront à titre égal. Voici un père qui meurt laissant quatre enfants, deux filles et deux fils; chaque enfant aura le quart de l'héritage, aussi bien filles que fils (sauf une fraction déterminée dont le père peut disposer librement). Ce changement est très important, ce n'est rien moins que la disparition, au point de vue de l'héritage, du vieux principe de la famille romaine. Ces nouveaux principes ont été consacrés par le Code civil, rédigé seulement sous Napoléon, mais qui ne faisait que codifier les principes proclamés par les Assemblées de la Révolution.

Pour ce qui est du mariage, le divorce fut autorisé. C'était une nouveauté qui d'ailleurs ne devait durer que jusqu'à la fin de l'Empire ; le divorce fut supprimé par la Restauration, pour être rétabli il y a quelques années seulement. Nous comprenons très bien que la loi révolutionnaire pût autoriser le divorce. Sous l'ancien régime, la loi ne pouvait pas le faire parce qu'elle devait se conformer au christianisme, pour qui le mariage est un sacrement créant un lien indissoluble. Mais avec les nouvelles idées, il n'était plus question d'introduire la religion dans la loi. Le mariage n'était plus regardé que comme un fait purement humain, un simple contrat; or un contrat peut être à volonté résilié. Il y a lieu évidemment de discuter la chose, même au point de vue social. La question du divorce est épineuse. Il était cependant logique de la part des législateurs révolutionnaires d'établir le divorce, parce qu'en effet, le mariage perdait à leurs yeux tout caractère sacré en devenant purement civil.

Puisque la Révolution établissait l'égalité dans la famille, puisqu'elle permettait aux femmes d'hériter au même titre que les hommes, on peut se demander si elle n'a pas été logique jusqu'au bout en proclamant les droits des femmes, elle qui proclamait les droits de l'homme. Cela aurait été une nouveauté bien grande mais ce n'est pas ce qui aurait arrêté nos révolutionnaires. Le législateur de l'Assemblée Constituante s'est placé avant tout au point de vue de la raison ; il a bouleversé des choses extrêmement importantes sans aucun scrupule, sans avoir même le soupçon d'un danger possible. S'il avait eu l'idée qu'il fallait donner des droits politiques aux femmes, rien ne l'en aurait empêché, car il agissait avant tout par logique, par esprit de géométrie. Mais il n'a pas eu cette idée. N'oublions pas que les esprits, à cette époque, étaient en grande partie nourris des théories de Rousseau. Or vous vous rappelez de quelle façon Rousseau envisageait le rôle de la femme. Loin de voir en elle l'égale de l'homme, il ne la regardait que comme faite pour l'homme. Des gens tout pénétrés de la pensée de Rousseau ne pouvaient donc pas vouloir l'émancipation des femmes. Cependant, il faut citer les idées féministes d'un révolutionnaire très connu, Condorcet. Lui a voulu aller jusqu'au bout et donner des droits politiques aux femmes. Il désirait aussi leur assurer une éducation égale à celle des hommes ; il voulait que les femmes fussent élevées comme les hommes, qu'il y eût même des écoles mixtes, que la femme fût l'égale de son mari, qu'elle pût être sa vraie compagne, qu'elle pût aussi instruire ses enfants. Les idées de Condorcet ne reçurent pas d'application, pas plus que le curieux plan de Lepelletier pour l'éducation nationale. Celui-ci voulait réunir tous les garçons et toutes les filles et les élever comme des ouvriers. Les écoles auraient été de simples ateliers, les enfants vêtus à la spartiate, nourris à la spartiate; mais jamais ce plan extraordinaire ne fut mis en œuvre, heureusement pour les pauvres enfants qui auraient été soumis à ce triste régime.

Malgré les idées de Condorcet et le plan de Lepelletier, la Révolution n'a rien organisé pour l'instruction des filles. Elle eut au contraire, pour effet, de supprimer tous les établissements dans lesquels les filles recevaient une éducation quelconque.

Après le 9 thermidor (chute du parti terroriste) il y eut des essais pour reconstituer des maisons d'éducation pour les filles; c'est ainsi que Mme Campan ouvrit une maison d'éducation, une pension laïque, à Saint-Germain. Cette pension eut tout de suite beaucoup d'élèves; parmi elles se trouva Hortense de Beauharnais, et cela nous explique comment plus tard Napoléon appela Mme Campan à diriger une des maisons de la Légion d'honneur qu'il fondait pour les filles des légionnaires.

A l'époque de la Terreur, il n'y a plus de salons. Toute la société un peu distinguée, tout ce qui a le moindre rapport avec l'ancienne noblesse, ou simplement avec la bourgeoisie un peu élevée, est suspect. On ne songe à ce moment-là qu'à se faire oublier. Beaucoup de familles ont quitté Paris; l'émigration a commencé dès les premières violences de la Révolution. Les Necker sont partis; leur fille, Mme de Staël, est partie aussi à l'époque des massacres de septembre. Il n'y a plus de vie de société. Mais au lendemain de la Terreur, après le 9 thermidor et la chute de Robespierre, la société se reforme. On a souvent parlé de cet état d'esprit au lendemain de la Terreur. Tout le monde avait eu si peur de mourir

qu'on se rattachait à la vie avec une espèce de fièvre ;
on était possédé de la fureur de jouir. La société de
ce temps manque évidemment de tenue, de moralité,
de scrupules ; elle est extrêmement mélangée. Il y a
des gens de l'ancien régime, il y a des nouveaux
venus, des gens même qui ont certainement été pour
quelque chose dans les mesures de la Terreur quoiqu'ils essaient maintenant de le faire oublier. La
mode, c'est de paraître un échappé de la Terreur ;
c'est l'époque des cheveux *à la victime*. Avec les
salons reparaissent les femmes, et avec les femmes, la
coquetterie, l'élégance. Parmi les beautés célèbres,
il faut citer Mme Tallien, la femme du conventionnel
terroriste qui s'était retourné contre Robespierre et
avait fait, avec quelques autres, le 9 thermidor ;
Mme Récamier (1), qui éclipsait toutes les autres par
sa beauté ravissante, qui inspira tant de passions sans
les partager et garda une réputation sans tache ; parfaite en amitié, mais désespérant ses adorateurs ;
charmante, spirituelle et bonne ; — enfin Joséphine
de Beauharnais, veuve du général de Beauharnais,
mort sur l'échafaud. A ce moment, il était peu de
familles nobles qui ne comptassent une victime parmi
les victimes de la Terreur. Joséphine avait été em-
prisonnée, elle aussi ; la réaction de thermidor l'avait
sauvée. Sa réputation n'était pas tout à fait aussi
pure que celle de Mme Récamier ; elle fréquentait chez
Barras, dans un milieu très corrompu, et donnait
prise à la médisance. C'était une créole de la Martinique, non pas réellement belle, mais d'une grâce
incomparable.

Les toilettes de ces dames sont bien différentes de
celles du plein xviiie siècle ; il y a eu une véritable
révolution dans le costume féminin comme dans la
politique. Jusque sous la Convention, on voit encore

____

(1) Mme Récamier était la femme d'un grand banquier lyonnais.

se continuer les modes du temps de Louis XVI, les coiffures à échafaudages extraordinaires, les robes à. paniers bouffants; mais ensuite le goût change. Les révolutionnaires avaient la passion de l'antiquité; on s'éprenait des héros de Plutarque; on voulait ressusciter Sparte et Rome. C'est à ce courant d'idées que se rattachent la peinture de David représentant des scènes antiques, et les nouvelles modes adoptées par les femmes. Alors disparaissent les paniers et les coiffures à grands échafaudages; on porte la tunique simple copiée sur la tunique antique, découvrant les bras et la poitrine (beaucoup trop même quelquefois), et tombant toute droite jusqu'aux pieds. Si cette tunique avait été montante et avait eu quelque soupçon de manches, elle aurait été un vêtement certainement très supérieur aux modes ridicules que nous avons vues à la fin de Louis XV et sous Louis XVI; mais les dames comme toujours, exagérèrent : on supprimait le plus possible les vêtements de dessous, jusqu'à ne plus porter de chemise; des femmes se montrèrent vêtues d'une simple robe de mousseline ou de linon transparente, décolletée très bas, en un mot, presque nues. Ces modes indécentes étaient en même temps meurtrières; le climat de Paris n'est pas toujours chaud; il y eut quantité de bronchites, de fluxions de poitrine et de pneumonies. Mme Tallien était de celles qui exagéraient la mode et paraissaient vêtues d'une simple tunique, ayant aux pieds tout simplement des sandales. Car on avait abandonné les hauts talons qui n'ont rien d'antique et quelques dames gardaient les pieds nus dans des sandales attachées autour de la jambe par des rubans; cette mode était très romaine, très grecque, mais fort peu appropriée à nos climats.

C'est surtout sous le Directoire que ces modes s'étalèrent dans toute leur indécence. Elles s'accompagnaient aussi de vestes et de chapeaux extravagants.

Rien de plus amusant que les dessins qui représentent les *Incroyables* et les *Merveilleuses* du Directoire.

La mode antique dura sous le Consulat et l'Empire, mais beaucoup plus décente.

La coiffure a subi la même transformation que le costume. Au lieu des immenses échafaudages de la fin du xviiie siècle, on copie la coiffure antique. On fait de simples bandeaux ou des boucles ; on rassemble tous les cheveux en arrière, on les tord, on les attache plus ou moins haut, et on y passe des bandelettes. Cette coiffure qui a duré pendant tout le Directoire, le Consulat et l'Empire est certainement beaucoup plus gracieuse que les lourds édifices du temps de Louis XVI.

Dans cette société qui se reforme, dans ces salons qui revivent, une femme célèbre a brillé par son esprit, c'est Mme de Staël, fille de Necker, l'ancien ministre de Louis XVI. Génevoise d'origine, elle avait épousé un Suédois, et on pourrait dire qu'elle n'est pas réellement française, ce qui expliquerait certains traits de sa conduite politique à l'époque des grandes coalitions européennes contre la France impériale. Elle s'est pourtant toujours regardée elle-même comme Française.

Dès sa jeunesse, elle avait brillé dans les salons de sa mère, elle y avait été très admirée, même par des hommes de valeur qui se plaisaient à sa conversation. Elle avait commencé toute jeune à écrire. Elle épousa en 1786 le baron de Staël, ambassadeur suédois ; ce mariage ne fut pas heureux ; il aboutit à une séparation au bout d'une douzaine d'années.

Mme de Staël, dès les premières années de son mariage, eut son salon, rue du Bac, où elle recevait une partie de la société distinguée du temps. Elle allait à la cour à Versailles ; son mari étant ambassadeur, cela lui donnait une situation dans le grand monde. Elle fit, dès l'abord, beaucoup parler d'elle ; elle aimait à se mettre en avant, à discourir ; sa conver-

sation était abondante, animée et éloquente. Elle avait
aussi des inconséquences de conduite, des hardies-
ses de manières, si bien qu'autour d'elle on vit, à côté
de ceux qui admiraient son esprit et ses talents, ceux
qui médisaient d'elle et la décriaient. Elle était ardente
en politique, passionnée pour la liberté, pour la Révolution, mais non pas jusqu'à en approuver les violences. A partir de la journée du 10 août, elle se
sépara du parti avancé. Elle aida au salut de quelques
personnes compromises, et enfin elle jugea qu'il était
prudent de quitter Paris. Elle n'y revint qu'après la fin
de la Terreur.

A ce moment on la revoit dans son salon, recevant
chez elle ce monde un peu mélangé qui est celui de la
fin de la Convention et aussi du Directoire : des révolutionnaires modérés comme Lanjuinais, Roederer,
Barras ; des émigrés rentrés ; des aristocrates, comme
on disait alors ; des membres du corps diplomatique ;
de nouveaux venus qui avaient à se faire pardonner
auprès des véritables aristocrates leurs manières un
peu démocratiques. Si cette société est mêlée au point
de vue des classes, elle l'est aussi au point de vue de
la moralité ; on s'y montre peu sévère.

Mme de Staël inquiéta bientôt le gouvernement. Elle
voulait jouer un rôle, elle s'agitait, elle s'entourait
d'hommes politiques, d'écrivains. Or, dans une société
où on cause et écrit, il est difficile qu'on ne critique
pas, et le salon de Mme de Staël a toujours paru un
centre d'opposition.

Mais voici qu'apparaît un homme qui va tout envahir,
tout supprimer autour de lui, c'est Napoléon.

Les rapports de Mme de Staël et de Napoléon sont
intéressants à étudier. C'est en 1797 qu'ils se ren-
contrèrent pour la première fois. Bonaparte revenait
d'Italie après ces campagnes extraordinaires où, à
27 ans, il avait vaincu tant d'armées, et tout le monde
parlait du génie de ce jeune général. Comme tant

d'autres alors, Mme de Staël était enthousiaste de la personne de Bonaparte. Elle le trouvait « aussi remarquable par son caractère et son esprit que par ses victoires ». Il était sensible aux beautés d'Ossian ! Ossian était un prétendu ancien poète anglais sous le nom de qui on avait publié des œuvres en réalité composées de toutes pièces par les modernes ; mais alors, on le croyait ancien, et tous ceux qui avaient l'âme un peu sensible goûtaient la mélancolie d'Ossian. Bonaparte aimait Ossian, c'était une vertu. Mme de Staël lui trouvait aussi « toutes les facultés généreuses qui donnent un beau relief aux qualités extraordinaires ». Elle désirait vivement lui être présentée. Elle le fut enfin ; mais elle aurait voulu avoir une influence sur lui, compter auprès de lui, peut-être même lui plaire. Or, Bonaparte avait horreur de ce genre de femmes : une femme qui parle, qui remue des idées, qui s'occupe de politique, qui noue des intrigues, qui fait des cabales, Bonaparte détestait cela. Pour lui, l'idéal était une femme qui reste bien tranquille chez elle, qui obéit à son mari et tient sa maison ; il était le moins féministe des hommes. Mme de Staël, femme de grand talent, et de grand esprit, qui tenait à occuper une place, ne pouvait pas plaire à Bonaparte. Leur première rencontre amena un entretien peu aimable ; Bonaparte reçut mal les avances et les compliments de Mme de Staël : « Général, lui dit celle-ci, quelle est la femme que vous préférez ? » Et Bonaparte de répondre : « La mienne. — Cela est naturel ; mais quelle serait la femme que vous regarderiez comme la première des femmes ? — Madame, c'est celle qui a le plus d'enfants. » Des réponses pareilles tombant sur l'enthousiasme de Mme de Staël ne pouvait que la refroidir. Peu à peu, son admiration se changea en antipathie, et la guerre commença entre Bonaparte et Mme de Staël.

Il y a dans cette guerre de la part de Napoléon,

quelque chose qui peut déplaire. Il semble que la grandeur même de son génie devait lui persuader de laisser parler Mme de Staël. Mais Bonaparte, soit premier consul, soit Empereur, n'a jamais admis la discussion. Il appelait ceux qui discutaient sur la politique des « idéologues ». Personne ne savait moins que lui supporter la liberté.

Du moment qu'elle n'était pas l'amie de Napoléon, il fallait que Mme de Staël fût son ennemie. Dans cette inimitié entrait sans doute un peu de dépit de n'avoir pas été appréciée. Elle essaya parfois un rapprochement, mais en vain.

Après le 18 Brumaire, le salon de Mme de Staël fut tout d'opposition. A cette époque elle était séparée de son mari et elle avait noué une liaison avec Benjamin Constant, liaison célèbre qui fut tourmentée et orageuse. Benjamin Constant étant libéral, Mme de Staël fut doublement du parti de l'opposition. Elle restait d'ailleurs une adepte des idées révolutionnaires de 1789. La disgrâce de Benjamin Constant qui menait l'opposition au Tribunat (une des assemblées législatives établies par Bonaparte, pour n'être que des ombres d'assemblées) rejaillit sur Mme de Staël et son salon fut mis comme en interdit par le gouvernement consulaire.

Une pareille lutte, ne pouvait pas bien finir pour Mme de Staël. Après 1803, elle sent qu'elle doit s'éloigner et même elle reçoit l'ordre de ne pas s'approcher de Paris de plus de 40 lieues. Plus tard encore elle se retire en Suisse, et il arrivera un moment où elle recevra l'ordre d'y demeurer. Le salon de Coppet devint le rendez-vous de nombreux visiteurs ; Mme Récamier, le prince Auguste de Prusse, Barante, Mathieu de Montmorency, Sismondi, Schlegel. C'était un vrai pèlerinage où se rencontraient les adversaires du gouvernement impérial. Les amis de Mme de Staël devenaient par cela même suspects à Napoléon.

Tel fut le cas pour Mme Récamier. L'attitude de Mme de Staël, dans une certaine mesure, justifiait les persécutions de Bonaparte d'abord et de Napoléon ensuite. Elle était tellement persuadée qu'il faisait le malheur de la France en lui enlevant la liberté qu'elle allait jusqu'à souhaiter que les armées de Bonaparte fussent vaincues. De tels sentiments ne peuvent plaire à aucun gouvernement. Bien plus, aucun patriote ne peut les approuver. Sans doute Napoléon poursuivit Mme de Staël partout où il le put, même avec une certaine mesquinerie, mais il faut reconnaître qu'elle donnait prise, par son attitude à l'égard des ennemis de la France.

Mme de Staël entrecoupait de voyages son séjour à Coppet ; elle visita l'Allemagne, l'Italie. Puis elle écrivait : le roman de *Corinne* qui parut en 1807; il excita l'enthousiasme. En 1810 parut un livre très supérieur, le livre de *l'Allemagne*, sur lequel nous reviendrons. Mme de Staël y fait voir les ressources intérieures de l'Allemagne, son génie; elle l'appelle à prendre conscience d'elle-même comme nation, en présence des armées françaises alors campées dans tout le pays. Au point de vue de la politique française, un pareil livre paraissait bien à contre temps ; mais Mme de Staël s'en rendait si peu compte qu'elle en envoya un exemplaire à l'Empereur, espérant ainsi rentrer en grâce. Mais cet appel au génie allemand et à la nationalité allemande en un tel moment irrita Napoléon; il fit envoyer à l'auteur l'ordre de se retirer à Coppet et d'y résider (Mme de Staël était venue en France pour faire imprimer son livre). Elle vit plusieurs de ses amis exilés, Schlegel expulsé. Elle finit par avoir peur de ces persécutions, quitta Coppet et voyagea à travers l'Europe. Elle se rendit à Vienne, puis en Russie, puis en Suède, où régnait l'ancien général français Bernadotte. Elle l'avait reçu autrefois dans son salon sous le Consulat, ainsi qu'un autre général hostile à Bonaparte, Moreau.

Elle était en Russie en 1812. C'est l'année de la guerre de Russie; ce sera ensuite le désastre tragique de nos armées, et l'Europe tout entière se levant contre la France : Allemagne, Russie, Suède, Prusse, Autriche, jointes à l'Angleterre qui depuis 1804 était en guerre avec nous; — ce sera la grande coalition rétrécissant le cercle autour des armées de Napoléon, pénétrant sur le territoire français, arrivant jusqu'à Paris.

Dans ces tristes années quelle devait être l'attitude d'une Française? Etait-ce celle de Mme de Staël? Elle est reçue admirablement en Russie par l'empereur Alexandre, comme ennemie de Napoléon; elle est très bien accueillie en Suède par Bernadotte, et elle l'approuve quand il se tourne contre sa propre patrie. Elle va en Angleterre en 1813, l'Angleterre, l'âme de la coalition contre la France; elle reçoit l'accueil de la société anglaise, goûte cette société, admire la constitution. Elle se trouve heureuse en Angleterre, à l'heure de l'écrasement de la France. Il est difficile de ne pas réprouver une telle attitude. Comment n'a-t-elle pas senti que recevoir des amabilités de la Russie, de la Suède, de l'Angleterre, c'était recevoir les amabilités des ennemis de son propre pays?

Elle rentre en France en 1814, comme les Bourbons, à la suite des étrangers. Napoléon a abdiqué, est relégué à l'Ile d'Elbe. Et après les Cent jours et Waterloo, il est exilé à Sainte-Hélène.

Mme de Staël se faisait beaucoup d'illusions sur les sentiments de la Russie ou de l'Allemagne : elle avait cru voir dans la coalition un mouvement généreux qui aboutirait à délivrer l'Europe entière, la France comprise du despotisme de Napoléon et qui donnerait la liberté à tous les peuples. Mais voici que se forme la

Sainte-Alliance, l'alliance des souverains pour étouffer tout germe de liberté en Europe. Mme de Staël s'en aperçoit ; après avoir glorifié la Prusse, l'Allemagne, la Russie, elle reconnaît que tous ces souverains ont peut-être travaillé pour eux, mais nullement pour l'émancipation des peuples qu'elle rêvait. De même, aussi, voilà les Bourbons rentrés en France ; c'est la réaction, la contre-révolution, la persécution exercée contre tous ceux, qui, de près ou de loin, ont pu tenir à la Révolution ou à l'Empire. C'étaient là pour Mme de Staël de tristes désillusions. D'autre part, dans le monde, sa propre influence a baissé. Le temps a marché depuis le Consulat. 1802, voilà le moment de sa gloire : mais d'autres gloires ont commencé à se faire jour, d'autres idées aussi ; elle n'est plus en communion avec l'esprit et l'âme de la France. Sa vie qui a été si brillante, se termine de façon obscure. Sa mort fit peu de bruit. Elle mourut en 1817. Elle avait contracté en 1811 un second mariage avec un officier, M. de Rocca, mais le mariage était resté secret, parce qu'elle tenait à conserver le nom sous lequel elle était connue ; puis elle avait craint le ridicule, quand on apprendrait qu'elle avait épousé un homme de moitié plus jeune qu'elle. Un enfant était né de cette alliance. Après sa mort, ses enfants qui adoraient leur mère publièrent ce mariage et accueillirent dans la famille l'enfant qui en était issu.

Il nous faut maintenant parler de l'œuvre de Mme de Staël. Ses romans d'abord : *Delphine* et *Corinne*. Ils participent un peu du goût du temps, et ils ont vieilli. Il est maintenant difficile de lire d'un bout à l'autre le principal de ces deux romans, *Corinne* ; il est pourtant intéressant en ceci : que Mme de Staël s'y peint elle-même. On y voit son idéal, qui est l'enthousiasme, la passion, la générosité. Elle y représente la destinée qui est nécessairement celle des femmes de génie, et là elle pense à elle-même. Cette destinée, ce sera d'être mal jugée, de susciter des jalousies, d'effrayer. Le génie qu'elle prête à Corinne et qui est le sien, c'est un génie tout social, expansif, communicatif. Corinne brille dans le monde par des qualités souvent un peu extérieures; elle danse, chante, joue la comédie, déclame ses propres œuvres, tout comme Mme de Staël. A ce génie de Corinne, tout d'éloquence et d'enthousiasme se joint une passion semblable à celles qui ont agité Mme de Staël; une passion qui s'il le faut, bravera l'opinion, et ira même jusqu'au scandale; et cela est présenté comme légitime, à condition que les sentiments soient sincères. Car Mme de Staël a toujours été sincère; c'est pour elle une partie de l'idéal. Tout ce roman a vieilli, mais il est semé de réflexions dont beaucoup restent intéressantes. Le cadre est l'Italie. Mme de Staël, qui avait voyagé en Italie, aime à représenter ses héros au milieu des paysages italiens. Toutefois elle n'a pas, pour les peindre, l'art supérieur de Chateaubriand. Les paysages chez elle rappellent surtout des idées sociales, politiques, historiques.

L'œuvre la plus considérable de Mme de Staël est son livre de *l'Allemagne*. Il a eu une grande influence. Elle a visité l'Allemagne, elle a vécu avec les Allemands; elle les a d'ailleurs prodigieusement étonnés; elle a vu Schiller, Gœthe, et d'autres Allemands célèbres du temps. Par sa conversation, elle les étourdissait, ils étaient éblouis. Ils la trouvaient très brillante, très intelligente, ils reconnaissaient son activité extraordinaire d'esprit et d'âme, mais ils en étaient comme interdits, et l'un d'eux disait après son départ: «Il me semble que je relève de maladie!» Toute cette éloquence extérieure qui ne laissait pas de temps au silence, car Mme de Staël parlait toujours, ressemblait peu au génie allemand, plus lent et plus réfléchi. Cependant Mme de Staël a en grande partie compris l'Allemagne et elle a le mérite de nous l'avoir fait connaître à un moment où nous l'ignorions. Ses jugements sont discutables sur certains points; elle n'a pas compris parfaitement la philosophie allemande, ardue et et profonde; elle n'a pas été au fond de la poésie allemande non plus, mais cependant elle l'a fait connaître et apprécier. On peut certes contester avec raison l'opportunité de son livre qui appelait l'Allemagne à se sentir une nation au moment où la France était en guerre avec elle; mais le livre garde sa valeur. Il marque une initiative, chose rare dans une œuvre féminine, car la pensée des femmes reflète plutôt celle des hommes. Ici Mme de Staël a été véritablement une initiatrice. Son livre est un de ceux qui ont exercé la plus grande influence.

Ses *Considérations sur la Révolution française* ont des parties vigoureuses et fortes, mais cependant l'esprit féminin s'y retrouve. A-t-elle véritablement compris la Révolution ? Ses goûts, ses inclinations, ses sympathies et ses antipathies personnelles n'ont-ils jamais influencé son jugement ? Elle avait un véritable culte pour son père, et elle a beaucoup exagéré la valeur philosophique et historique de Necker; elle lui donne un rôle de premier plan qu'il n'a pas joué. Son jugement sur d'autres personnages a pu être de même faussé. Mais après tout il y a peu d'hommes qui dans leurs ouvrages historiques soient tout à fait à l'abri des mêmes influences. Il était d'ailleurs difficile à ce moment de juger la Révolution; il n'y avait pas assez de recul. Elle était loin d'avoir produit tous ses effets; il aurait fallu pour les prévoir un génie divinatoire à la Montesquieu. Le livre des *Considérations* n'est pas sans rapports dans sa méthode avec les écrits de Montesquieu, mais avec beaucoup moins d'envergure et de profondeur. Toutefois c'est un livre de valeur, un ouvrage de philosophie politique, comme peu de femmes en ont écrit.

Madame de Staël a été une des rares femmes qui ont véritablement pensé par elles-mêmes. C'était avec cela un cœur généreux et chaud, et une voix éloquente. Elle a aimé la liberté, elle a prêché l'enthousiasme, et nous nous demandons pourquoi elle ne nous est peut-être pas tout à fait sympathique.

C'est qu'il y a en elle quelque chose de trop bruyant, une trop grande insistance pour se faire écouter. Elle nous donne l'impression d'une personne qui parle trop haut. On désirerait un peu plus de réserve et de discrétion. Elle ne pose pas cependant, elle est toujours sincère ; mais son besoin de paraître donne à ceux qui ne l'aiment pas l'idée qu'elle joue un rôle. On voudrait qu'elle se mît moins en scène. Il y a en elle quelque chose de fatigant. Elle ignore le charme de la solitude et du silence ; elle n'éprouve jamais le besoin de se recueillir ; on se demande même comment elle a pu écrire ses ouvrages. Il est vrai qu'ils sentent toujours l'improvisation, et que le plan n'en est pas rigoureux.

Malgré tout, ce fut une femme supérieure. On a prononcé à son sujet le mot de « femme de génie » ; elle le mérite peut-être pour la fécondité de sa pensée, pour tout ce qu'elle a su voir et faire voir autour d'elle ; mais comme écrivain, elle est beaucoup plus faible ; le français chez elle est loin d'être pur et irréprochable. Elle reste plutôt comme *penseuse* ; c'est une chose rare chez une femme et il faut lui en faire honneur.

VINGT-CINQUIÈME CONFÉRENCE

17 MARS 1910

ÉPOQUE CONSULAIRE ET IMPÉRIALE

LES DEUX FEMMES DE NAPOLÉON

MESDAMES,

Pendant tout le temps que Napoléon gouverna la France, soit comme Consul, soit comme Empereur, aucune femme n'eut d'influence politique. Nous avons vu comment fut traitée Mme de Staël ; nous avons dit aussi que Napoléon était le moins féministe des hommes. Pour lui, le rôle de la femme se bornait à la famille et au foyer. Il n'aimait ni les femmes politiques, ni les femmes de lettres, ni les mondaines coquettes cherchant l'influence. Quand il fonda les maisons d'éducation de la Légion d'honneur et qu'il appela Mme Campan à la direction de la maison d'Ecouen, il eut soin de marquer dans quel sens il voulait diriger cette éducation : former de bonnes maitresses de maisons et de bonnes mères de famille.

Quelques femmes de cette époque cependant pourraient donner lieu à une étude intéressante : la mère de Napoléon, ses sœurs, ses deux épouses successives, Joséphine et Marie-Louise.

Sa mère d'abord. — Il est intéressant de savoir ce qu'a été la mère de Napoléon. Elle paraît avoir joué un rôle important dans la famille. Elle s'appelait Laetitia Ramolino ; elle appartenait à une ancienne famille corse, qui n'était plus riche. C'était un esprit ferme, un caractère énergique. On la voit pendant les guerres civiles de Corse — elle était du parti de Paoli et plus tard elle fut dans la faction opposée — on la voit traverser à cheval les montagnes portant dans ses bras l'enfant déjà né alors et qui était Joseph, l'aîné de Napoléon. Veuve de bonne heure, elle se trouve chargée d'une nombreuse famille : trois filles et cinq fils ; c'est elle qui à ce moment dirige toute la maison avec une grande autorité : ses fils se le rappelaient plus tard. Napoléon à Sainte-Hélène, évoquant, le souvenir de sa mère, parlait d'elle avec admiration. Selon lui, elle ne pouvait tolérer chez ses enfants que des sentiments élevés ; elle avait horreur de toute bassesse. Si on en croyait Napoléon, il semblerait que Laetitia Ramolino ait été une véritable femme de Plutarque ; mais il faut se rappeler qu'il y a aussi dans son caractère des côtés plus prosaïques ; elle était extrêmement pratique, savait bien se tirer d'affaire et avait un goût d'économie poussé jusqu'à l'avarice, même quand elle occupa une haute situation où cette économie était plus déplacée que lorsqu'elle devait pourvoir au besoin de sa nombreuse famille avec des ressources modiques. Lors de l'élévation extraordinaire de son fils, elle vint vivre à Paris. Napoléon lui donna le titre de Mme Mère, et l'entoura de respect. Elle eut une maison, un secrétaire, des chambellans ; mais elle ne se mêla jamais aux cérémonies officielles. Elle n'avait jamais pu apprendre complètement le français ; elle gardait une manière de parler un peu extraordinaire avec son accent corse et ses expressions corses. Elle vivait retirée, assez peu populaire, parce qu'on ne la connaissait pas, et qu'elle était fort peu généreuse. En vain Napoléon avait voulu qu'elle fût la surintendante des œuvres de bienfaisance de l'Empire. Quand on s'étonnait qu'elle continuât à économiser alors qu'elle eût pu faire autrement, elle montrait son scepticisme sur l'étonnante fortune de son fils, et elle disait : « Qui sait si quelque jour je ne serai pas obligée de donner du pain à tous ces rois ? »

Après les malheurs de 1814, on la voit suivre Napoléon à l'île d'Elbe ; elle revient à Paris avec lui en 1815, et enfin après le désastre final de Waterloo, quand Napoléon fut exilé à Sainte-Hélène, elle demanda vainement à aller le rejoindre. Peu de personnes de la famille de Napoléon ont fait preuve alors de ce dévouement. L'autorisation lui fut refusée ; elle resta à Rome où le pape Pie VII la traita avec beaucoup d'égards et où elle vécut très longtemps, assez pour voir mourir autour d'elle plusieurs de ses enfants et même de ses petits-enfants. Il y a un récit intéressant dans Prokesch-Osten, l'ami du fils de Napoléon, le duc de Reichstadt ; il nous raconte la visite qu'il fit à Mme Lætitia en 1832, l'année même de la mort de l'Aiglon, alors très malade à Vienne sans que son ami ni sa grand'mère s'en doutassent. Il la vit vieille, presque aveugle, pleine d'une dignité imposante ; elle lui donna sa bénédiction pour la transmettre à son petit-fils, qui ne devait pas la recevoir. C'est une figure qui a de l'autorité, de la dignité, mais elle n'est pas tout à fait sympathique à cause de son économie un peu mesquine ; elle n'a jamais perdu le souvenir du temps où elle devait compter.

Il y a encore dans l'histoire de Napoléon d'autres figures féminines qui méritent de nous arrêter. D'abord Joséphine. Bonaparte a été passionnément amoureux de Joséphine. C'était à l'aurore de sa destinée, au moment où il était déjà connu par son rôle au siège de Toulon ; il allait partir pour prendre le commandement de l'armée d'Italie. La femme dont il s'éprit, c'était une femme de l'ancienne aristocratie, ayant presque toutes ses attaches dans le monde des *ci-devant*, de six ans plus âgée que lui, Joséphine de Beauharnais, restée veuve d'Alexandre de Beauharnais avec deux enfants, Eugène et Hortense. (Eugène devait devenir vice-roi d'Italie, et Hortense reine de Hollande).

Joséphine était née et avait été élevée à la Martinique ; son souvenir y est encore vivant. Elle quitta la Martinique pour venir en France épouser Alexandre de Beauharnais, mariage qui ne fut pas heureux. Il y eut des torts de part et d'autre. Joséphine était assez légère, son mari ne l'était pas moins, aussi lorsqu'il intenta un procès pour obtenir sa séparation d'avec sa femme, ce procès tourna à sa honte Les deux époux vécurent séparés de fait pendant quelque temps. Ils se réunirent à l'époque de la Terreur. Alexandre de Beauharnais était suspect ; il fut incarcéré et monta sur l'échafaud. Joséphine elle-même avait été mise en prison, mais la journée du 9 Thermidor, peu après la mort de son mari, la sauva. Elle s'était liée en prison avec une femme de la Révolution célèbre par sa beauté, Mme Tallien, qui à ce moment s'appelait Thérézia Cabarrus, mais qui devait épouser le conventionnel Tallien, celui qui fit le 9 Thermidor ; cette amitié lui servit.

Dans la société peu sévère de la fin de la Convention et sous le Directoire, nous retrouvons Joséphine. Là elle triomphait aux côtés de Mme Tallien et de Mme Récamier, et, sans les égaler en beauté, elle charmait par sa grâce incomparable. Elle nous apparait alors telle qu'elle sera toute sa vie, élégante, séduisante, portant la toilette à ravir, mais frivole, prodigue ; bonne d'ailleurs, aimant à obliger, mais manquant de sérieux et de solidité d'esprit.

Quand Bonaparte la demanda en mariage, elle
hésita beaucoup; le parti lui paraissait mince. Bonaparte était peu connu de la société élégante, et même
dans l'entourage de Joséphine, il y avait des gens
qui s'étonnaient qu'elle pensât à épouser *Vendémiaire* », Bonaparte en effet avait tiré sur les insur-
gés royalistes le 13 vendémiaire, ce qui était une
mauvaise note pour lui dans un certain monde. Joséphine hésitait donc. Elle finit pourtant par céder à
l'ascendant de Bonaparte, à son assurance extraordinaire, à sa foi dans sa destinée. Elle donna son
consentement, mais sans grand amour. Tout de suite
après le mariage, Bonaparte partit pour l'Italie, laissant Joséphine à Paris. C'est à ce moment que se placent les célèbres lettres d'amour de Bonaparte à Joséphine, si intéressantes parce qu'elles sont si passionnées; c'est un amour chaud, brûlant, ardent, ce sont
des déclarations, des protestations, et en même temps
des plaintes, des reproches, parce que Joséphine, très
étonnée de ce genre d'amour, y répondait assez mal.
En vain Bonaparte la suppliait de venir le rejoindre en
Italie; Joséphine tenait à rester à Paris : elle aimait sa
maison de la rue Chantereine (rue qui devint plus tard
la rue de la Victoire), elle aimait le monde et elle hésitait à quitter son entourage et ses plaisirs pour aller
rejoindre son mari au milieu même des opérations de
guerre. Elle finit pourtant par se résigner. Elle quitta
Paris, triste, ennuyée, malheureuse, et arrivée en Italie,
se trouva mêlée à toutes les marches de l'armée, courant des dangers même, quand les troupes surprises
devaient lever le camp précipitamment, tantôt auprès
de son mari, tantôt séparée, suivant les incidents de la
guerre. Dès que les époux étaient séparés un ou deux
jours, Bonaparte écrivait, quelquefois deux lettres dans
la même journée, et cela, au milieu de l'activité extraordinaire de cette merveilleuse campagne, tout en
manœuvrant et battant l'ennemi. Que répondait José-

phine? Nous n'en savons rien, car nous n'avons pas
ses lettres; nous savons seulement que Bonaparte se
plaignait d'en recevoir bien peu. Joséphine, elle, regardait les lettres de son mari comme de véritables
curiosités. Quand elle en recevait à Paris, avant de
partir pour l'Italie, un témoin nous raconte qu'elle les
lui montrait avec étonnement en disant avec son
accent créole : « Il est drôle, Bonaparte. »

Enfin, l'ennemi battu partout, on négocie la paix qui
deviendra celle de Campo-Formio. Joséphine est à
Montebello, entourée, adulée; elle a une véritable
cour. Bonaparte fait déjà l'essai de la souveraineté et
on peut pressentir en lui le futur maître de la France.
Joséphine commence à s'apercevoir que le petit général qu'elle hésitait à épouser est devenu un des prin-
cipaux personnages de l'Europe.

Après cette campagne victorieuse, les deux époux
reviennent à Paris; c'est le moment de l'enthousiame,
des ovations, le temps où on appelait Joséphine
Notre-Dame des Victoires, où la rue Chantereine
fut changée en rue *de la Victoire*.

Lors de l'expédition d'Égypte, c'est Joséphine qui
demande à partir avec son mari et c'est Bonaparte
qui s'y refuse. La passion si chaude des premiers
temps commençait à se refroidir. Les lettres que nous
avons de ce temps sont encore très affectueuses, mais
elles n'ont plus le ton romantique extraordinaire des
lettres d'Italie. Cependant lorsque parvenaient à Bonaparte, en Egypte, des nouvelles qu'on lui envoyait de
Paris avec une certaine méchanceté pour insinuer
que sa femme était quelque peu légère, des témoins
nous disent qu'il recevait ces nouvelles avec fureur,
mais aussi avec douleur. Quoi qu'il en soit, rentrant
en France, il était tellement persuadé qu'il avait à se
plaindre de sa femme qu'il demanda la séparation ;
mais Joséphine pleura, supplia; ses enfants, que
Bonaparte aimait, joignirent leurs supplications et

leurs larmes à celles de leur mère, et Bonaparte finit par céder.

C'est maintenant l'époque de la cour consulaire. Bonaparte est devenu le vrai souverain de la France. Joséphine ne joue aucun rôle politique; son seul rôle est celui-ci : elle appartenait par sa naissance au monde de l'ancienne aristocratie, et elle contribua à attirer à la cour consulaire des gens de l'ancien régime qui auraient eu un peu honte de se rallier à Bonaparte lui-même, mais qui se trouvaient excusés par leurs relations avec Joséphine; c'était un prétexte pour se rapprocher du gouvernement, et en obtenir les faveurs. Joséphine s'entremit souvent en faveur des émigrés royalistes; en ceci, elle ne faisait que servir la politique de Napoléon, politique de conciliation entre l'ancien régime et le nouveau; mais dès qu'elle contrariait ses vues, elle n'obtenait rien ; par exemple, lors de l'affaire tragique du duc d'Enghien. Joséphine essaya en vain de le sauver. Elle était épouvantée d'un acte qui semblait rapprocher Napoléon des tyrans sanguinaires de la Terreur; elle supplia, pleura, mais inutilement. « Tu es une femme, disait Napoléon, tu n'entends rien à ma politique. »

Une dame attachée à la Cour consulaire et qui appartenait elle-même à l'ancienne noblesse nous a laissé un tableau intéressant de cette cour : c'est Mme de Rémusat, femme intelligente et spirituelle. Bonaparte lui-même aimait à causer avec elle, quoiqu'il causât peu avec les femmes et qu'on lui reprochât sur ce point son manque de courtoisie. Mme de Rémusat, de son côté, paraît avoir eu beaucoup d'attrait pour la personne de Napoléon, si on en juge par ses lettres de ce temps-là. Ses Mémoires donnent une note un peu différente, mais ce ne sont pas ceux qu'elle avait écrits d'abord; la première rédaction n'existe plus, elle la détruisit elle-même. Elle les réécrivit de souvenir, mais dans un temps où ses impressions avaient changé, après que s'étaient déroulés tous les événements de l'Empire. Lorsqu'on était à côté du premier consul Bonaparte, on ne pouvait pas encore penser aux excès du gouvernement impérial, puisqu'ils n'avaient pas eu lieu. Mais quand nous nous souvenons du passé, il est difficile que nous ne colorions pas un peu ce passé des impressions du présent. D'où la sévérité des Mémoires de Mme de Rémusat, et l'accent tout autre de ses lettres de l'époque consulaire.

On peut consulter d'autres Mémoires féminins, par exemple ceux de la duchesse d'Abrantès, femme du général Junot (un de ces généraux de l'Empire qui furent revêtus de dignités et de titres). Ces Mémoires sont prolixes, il s'y trouve beaucoup de petites histoires, de petits racontars; mais ils sont pourtant intéressants. Ils nous font pénétrer de très près dans toute cette société.

La cour consulaire, puis impériale, ne fut nullement une cour d'ancien régime. Les éléments nouveaux qui s'étaient fait jour s'y opposaient. Parmi ces parvenus de la Révolution il y en avait beaucoup qui avaient un véritable mérite, mais beaucoup manquaient d'éducation première et dans une cour comme dans un salon le mérite n'est pas grand chose; l'éducation, l'habitude du monde sont tout. Vous connaissez, parce qu'elle est légendaire, la célèbre maréchale Lefèvre, celle qu'on a popularisée sous le nom de Mme Sans Gêne et qui avait gardé au milieu de sa nouvelle fortune toute sa rusticité primitive et son langage populaire. C'était, il est vrai, une exception; mais à un moindre degré, le manque d'éducation se faisait sentir chez d'autres. Aux yeux des anciens nobles, la cour consulaire et impériale était une cour de parvenus où on ne savait pas vivre.

Joséphine, à cette cour, a représenté l'élégance, la grâce; elle savait admirablement bien s'habiller; elle était d'ailleurs prodigue d'argent, multipliait les toilettes, faisait des dépenses qui s'élevaient à des chiffres fantastiques et des dettes qui mécontentaient Napoléon, car il n'aimait le désordre nulle part.

La mode d'alors est restée à peu près la même que sous le Directoire ; ce sont toujours les robes et les coiffures à l'antique, mais il y a un élément nouveau qui s'y ajoute, et qui s'est généralisé après l'expédition d'Egypte : les châles (on écrivait alors *schalls*) en cachemire des Indes ; on en fabriqua des imitations en France. Toutes les femmes ont des *schalls* et l'élégance de la toilette consiste dans la manière de les draper. Joséphine drapait son *schall* avec une grâce particulière.

Joséphine qui avait eu deux enfants de son premier mariage, n'avait pas donné d'enfants à Napoléon. Aussi lorsque Napoléon transforma le Consulat en Empire, il songea à divorcer, mais Joséphine avait encore de la puissance, elle supplia et pleura tant que lors du sacre de Napoléon, Joséphine fut couronnée avec lui. Bien plus elle obtint de faire célébrer un mariage religieux ; car Bonaparte et Joséphine s'étaient mariés à une époque où il n'était guère question de mariage religieux et le leur était purement civil.

La cérémonie du sacre fut célébrée d'une façon grandiose et imposante ; Joséphine fut couronnée des mains de Napoléon même, et les sœurs de l'Empereur, à leur grand dépit, furent obligées de figurer à la suite de leur belle-sœur.

Lorsqu'on entre dans l'histoire domestique de cette famille Bonaparte, on y voit mille petites jalousies, mille intrigues féminines. Les sœurs de Napoléon détestaient Joséphine.

Après ce couronnement Joséphine fut rassurée pour quelques années et put jouir de sa destinée extraordinaire. On dit que lorsqu'elle était encore à la Martinique, une vieille femme lui avait prédit sa fortune et lui avait dit : « Vous occuperez la première place du monde, mais pour peu de temps. »

Napoléon continua à témoigner à Joséphine des égards faits en partie d'habitude, en partie d'une réelle affection, non sans se permettre quelques infidélités. En particulier, pendant la campagne de Pologne, en 1807, il eut une liaison avec une belle Polonaise, Mme Walewska, qui lui demeura attachée jusque dans les jours de malheur.

Après la paix de Tilsitt, au moment de la grande ambition de Napoléon et des projets romanesques des deux empereurs de France et de Russie, qui voulaient partager l'Europe en Empire d'Occident et Empire d'Orient, discutant même déjà sur ce qu'ils feraient de Constantinople, Napoléon songea plus que jamais à assurer l'avenir de sa dynastie. Il n'avait toujours pas d'enfants de Joséphine, et la loi de succession à l'Empire était ainsi faite, que la couronne à la mort de Napoléon, devait passer à l'un de ses frères. Napoléon n'avait pas de goût pour laisser sa dynastie se perpétuer par ses frères. Dès 1807 la résolution du divorce est presque prise. Joséphine vit dans les larmes, elle attend à chaque instant que son arrêt lui soit signifié. Enfin en 1810 Napoléon se décida à épouser une archi-duchesse d'Autriche. Ce n'est pas à elle qu'il avait pensé d'abord ; il aurait voulu obtenir une princesse de Russie, mais l'Impératrice-mère de Russie s'étant opposée à ce mariage, on se tourna du côté de l'Autriche. Nous reviendrons plus tard sur Marie-Louise.

Le moment du divorce fut un moment douloureux pour les deux époux. Joséphine put se rappeler alors ces lettres brûlantes que Bonaparte lui écrivait d'Italie et auxquelles elle répondait si froidement. Napoléon de son côté aimait toujours Joséphine, et cette séparation était pour lui un déchirement. Il y eut des scènes pathétiques. Napoléon proclama dans la cérémonie officielle où le divorce fut annoncé que Joséphine avait embelli quinze ans de sa vie. On lui laissa le titre d'Impératrice ; on lui assura toutes les donations nécessaires. Elle se retira à la Malmaison où elle devait finir sa vie, et qui lui rappelait les souvenirs glorieux du Consulat. Napoléon alla plusieurs fois la voir ; il lui amena même le Roi de Rome.

Lors des désastres de 1814 Joséphine les ressentit douloureusement, car elle gardait toujours son souvenir à Napoléon. Elle mourut cette année même. Elle avait reçu dans son domaine de la Malmaison l'empereur Alexandre, qui, par un sentiment de générosité, avait tenu à aller la voir et à lui promettre qu'il assurerait le mieux possible la destinée d'Eugène et d'Hortense de Beauharnais, dépouillés de tout ce que la politique de l'Empire leur avait donné. Ce fut dans cette réception offerte à Alexandre que Joséphine prit un refroidissement qui l'emporta.

Son souvenir a quelque chose de poétique. Elle n'a pas eu il est vrai un caractère héroïque, ni une conduite irréprochable. Si certaines des intrigues qu'on lui a reprochées ne sont pas absolument prouvées, il n'y a pas d'invraisemblance à penser que plus d'une fois sa conduite prêta à la critique, mais malgré tout sa destinée garde de la poésie. Elle était gracieuse, elle avait une jolie voix, lisait extrêmement bien ; elle aimait les fleurs, elle s'intéressait même à la botanique, s'occupant avec amour de ses jardins de la Malmaison. Nous la revoyons toujours dans ce domaine de la Malmaison, comme à Trianon Marie-Antoinette. On a depuis quelque temps fait de la Malmaison un véritable Musée de souvenirs de Napoléon et de Joséphine. C'est dans cette même Malmaison que Napoléon avant de s'exiler en 1815 revint une dernière fois pour retrouver ses souvenirs d'amour, de jeunesse et de gloire.

Quant à Marie-Louise, c'est une Impératrice bien différente de Joséphine. L'opinion publique avait accepté sans enthousiasme le divorce de Napoléon et son mariage avec une Autrichienne. Joséphine était populaire, elle plaisait, elle rappelait les souvenirs de la Révolution, souvenirs purement français, tradition déjà chère à la France. On voyait dans ce divorce un présage, un signe de changement du destin; surtout on n'était pas content du choix d'une Autrichienne. Napoléon, lui, éprouvait un plaisir d'orgueil à penser que, parti de si bas, il arrivait à épouser la fille des Césars germaniques, dont la famille dès le Moyen Age avait donné des Empereurs d'Allemagne, mais au point de vue des effets politiques, ce mariage ne fut pas heureux.

Marie-Louise, au moment où elle épousa Napoléon, était une jeune fille blonde, fraîche, sans grande beauté, assez froide et d'esprit insignifiant. Elle ne fut jamais populaire en France. Elle ne prit jamais le caractère, l'esprit, la manière d'être des Français, et resta toujours étrangère. Son destin devait la mettre aux prises avec des circonstances dramatiques qui auraient demandé l'héroïsme d'une Cornélie ou d'une Porcia. Dans la vie ordinaire, Marie-Louise eût été simplement une âme médiocre; dans ces désastres grandioses et tragiques, cette médiocrité d'esprit et de cœur est devenue de l'indignité.

Elle s'était mariée sans aucun amour, et même avec crainte; on la sacrifiait au tyran de l'Europe. Cependant quand on lit les lettres qu'elle écrivait dans les premiers temps de son mariage, on y trouve l'expression d'un véritable attachement pour Napoléon. Lorsqu'il est absent, elle écrit : « Je me porte bien, mais il est impossible que je sois heureuse tant que l'Empereur ne sera pas de retour. » Ces lettres indiquent que Marie-Louise, sans éprouver un amour passionné dont elle n'était guère capable, avait une affection naturelle et raisonnable pour son mari. Elle paraît s'être peu préoccupée de son fils; nous verrons du reste ce qu'elle fut pour lui dans le malheur. Cette naissance du Roi de Rome en 1811, c'est l'apogée du rêve napoléonien, qui va bientôt finir. .

Vous savez ce que fut l'histoire des désastres, cette guerre de Russie, cette retraite tragique, puis l'Europe se levant sur les pas de Napoléon, toutes les puissances d'abord osant à peine croire que celui qui les avait tant vaincues était vaincu à son tour, puis se jetant sur lui : à mesure que l'armée française reculait, les nations se levaient, tournant même contre Napoléon des troupes qui se trouvaient, de force, il est vrai, incorporées dans ses propres armées. C'est le recul de Moscou au Niémen, à l'Elbe, au Rhin ; puis c'est l'invasion, les coalisés arrivant jusqu'à Paris, Napoléon enfin abdiquant en faveur de son fils, cette dernière clause pour la forme, car comment aurait-on laissé à cet enfant de trois ans le trône qui échappait à Napoléon lui-même ?

La conduite de Marie-Louise fut à ce moment au dessous de tout ce qu'on peut imaginer. Elle s'était d'abord mal tirée du rôle de régente; elle fit des maladresses, qu'avec peut-être un peu de cœur, elle aurait évitées ; cependant on ne peut lui faire un crime de n'avoir pas eu de génie politique dans de si difficiles circonstances. Mais dans un autre sens elle reste blâmable. Un des envahisseurs de la France était son propre père, l'Empereur d'Autriche; elle aurait dû se souvenir qu'elle était avant tout Impératrice des Français ; surtout, si elle se remettait entre les mains de son père, elle ne devait pas lui remettre, car c'était le livrer aux coalisés, le fils de Napoléon. Ici ce n'est pas de manque d'intelligence qu'il faut l'accuser, c'est de manque de cœur.

Même dans le parti de la coalition, plusieurs furent choqués de sa conduite ; une princesse de sa famille lui disait qu'elle aurait dû suivre Napoléon ; elle répondit qu'elle avait été retenue par son père. A quoi la princesse répliqua : « Dans ces cas-là, on saute par la fenêtre. »

D'autres princesses appartenant à des familles régnantes d'Allemagne, et qui avaient épousé des princes de la dynastie de Napoléon, se montrèrent très supérieures à Marie-Louise, et n'abandonnèrent pas leurs époux. Telles furent la princesse Catherine, femme de Jérôme Bonaparte, et la princesse Augusta de Bavière, femme d'Eugène de Beauharnais.

Lamartine a fait quelque part un portrait très idéalisé de Marie-Louise ; c'est pour lui la blonde jeune fille germanique jetée en pâture au tyran de l'Europe, qui ne put s'adapter à ce dur milieu de politique et de guerre et qui conserva toujours ses simples et douces qualités naturelles.

C'est vraiment un jugement indulgent ! Il est difficile d'y souscrire, lorsqu'on pense qu'en 1814, l'année même de la défaite de Napoléon, Marie-Louise avait déjà des relations avec le général autrichien Neipperg, relations qui devaient durer, et d'où naquirent des enfants du vivant même de Napoléon. Et sa conduite à l'égard de son fils, Lamartine l'oubliait sans doute, lorsqu'il faisait d'elle ce portrait si charmant. Napoléon avait craint pour son fils le sort d'Astyanax : il écrivait en 1814, qu'il aimerait mieux le savoir noyé dans la Seine que livré aux ennemis. Il n'avait pas prévu que le Roi de Rome serait un Astyanax, mais un Astyanax encore plus malheureux, un Astyanax qui n'aurait pas d'Andromaque et à qui personne ne rappellerait le souvenir d'Hector.

En 1815, lors du retour de l'île d'Elbe, Napoléon redevenu Empereur pour peu de temps, réclama qu'on lui rendît sa femme et son fils ; il ne l'obtint jamais.

Si Marie-Louise l'oubliait, le petit roi de Rome se souvenait davantage. Méneval, un des secrétaires de

Napoléon, qui voulait rapporter de la cour de Vienne à l'Empereur des nouvelles de son fils, raconte qu'il dit au petit roi : « Que dirai-je de votre part à l'Empereur ? » Le petit roi ne répondit rien d'abord, puis, au bout de quelques instants il l'entraîna dans une embrasure de fenêtre, regarda autour de lui et dit tout bas : « Vous lui direz que je l'aime toujours bien. » Le petit garçon de quatre ans avait gardé un souvenir que la femme ne gardait plus.

Marie-Louise abandonne complétement son fils après 1815 ; quant à son mari, elle semblait avoir même oublié son existence. Il était à Saint-Hélène, traité comme vous le savez ; nombre de personnes s'entremirent pour obtenir un adoucissement ; le pape Pie VII lui-même, dont il avait été l'ennemi, écrivit en sa faveur. Marie-Louise, elle, ne dit jamais un mot ; elle ne lui écrivit jamais. Elle ne fit rien pour entretenir dans l'âme de son fils le souvenir de Napoléon ; ce souvenir fut conservé chez le Prince par sa gouvernante, qui était Française ; puis, quand elle eut été éloignée, il le conserva lui-même.

Quant à Marie-Louise, elle parut mettre tout son bonheur dans son union, illégitime jusqu'en 1821, avec le général autrichien Neipperg. Elle était si peu capable de fidélité, qu'après la mort de ce Neipperg elle lui donna comme successeur M. de Bombelles.

Napoléon était certainement instruit de la conduite de Marie-Louise, mais il a toujours fait comme s'il l'ignorait entièrement. Ses paroles, ses écrits, n'expriment que l'affection ; dans ses conversations de Sainte-Hélène que nous rapportent des témoins, jamais il ne fait allusion à l'infidélité de sa femme. Il y avait un parti pris de sa part d'ignorer des choses si peu à l'honneur de Marie-Louise et qui devaient lui être à lui-même particulièrement pénibles.

Si Napoléon fut flatté d'épouser cette fille des

Césars germaniques, s'il eut pour elle de l'affection, il
ne lui a jamais donné cet amour passionné qu'il avait
eu pour Joséphine, et à son agonie, c'est le nom de
Joséphine qu'il prononça : nous trouvons que c'était
vraiment justice.

Ce qui fait paraître la conduite de Marie-Louise plus
odieuse, c'est que, tandis qu'elle ne songeait qu'à
jouir de la vie dans son duché, son fils, au contraire,
se souvenait. Il y a peu de destinées aussi tragiques,
aussi malheureuses que celle du fils de Napoléon. Il
faut lire cette histoire dans le livre de M. Welschinger qui a réuni de nombreux documents sur ce sujet.
Il est vrai que M. Frédéric Masson qui a fait beaucoup
de recherches sur l'époque impériale est arrivé à des
conclusions différentes. Pour lui, le fils de Napoléon
était un pur Habsbourg, que son éducation germanisa
complètement. Malgré tout, on en revient toujours à
l'œuvre de M. Welschinger et aux souvenirs pathétiques de Prokesch-Osten, l'ami du prince. Quoi qu'il en
soit, si le duc de Reichstadt a gardé le souvenir de son
père, s'il est resté prince français ainsi que Napoléon
le lui ordonnait dans son testament, ce n'est certainement pas sa mère qui l'y a aidé.

Les princesses de la famille Bonaparte fourniraient
aussi un sujet d'études intéressantes. Napoléon
a eu plusieurs sœurs : Caroline, femme de Murat,
reine de Naples, très belle, très intelligente, très énergique et qui eut beaucoup d'influence sur son mari ;
Elisa, qui eut aussi une véritable intelligence politique, (d'ailleurs, toute cette famille des Bonaparte était
d'une intelligence remarquable ; tous avaient une
valeur quelconque, non pas nécessairement valeur
morale, mais valeur d'esprit). Pauline, princesse
Borghèse, était la plus belle de toutes ; elle a servi de
modèle au sculpteur Canova. Elle est aussi célèbre par
les nombreux scandales de sa vie que par sa beauté.
On pourrait citer enfin la fille de Joséphine, Hortense

de Beauharnais, reine de Hollande, qui fut la mère de Napoléon III.

Si maintenant nous revenons sur l'ensemble de toute cette période consulaire et impériale, il nous faut reconnaître que c'était une époque très peu féminine ; la société, les salons, ne comptent pour rien. Il y avait bien à Paris, sous Napoléon, des salons royalistes dans lesquels on ne se faisait pas faute de lancer des traits satiriques contre le gouvernement. De temps en temps Napoléon entendait dire que telle ou telle de ces dames s'était permis des propos séditieux ; il la faisait admonester. Quelquefois même la persécution allait plus loin, mais cette opposition n'a jamais eu de véritable importance. Une seule femme eût pu jouer un rôle par son esprit, c'était Mme de Staël ; Napoléon s'en est résolûment débarrassé.

La personnalité extraordinaire de Napoléon obscurcissait toutes les autres autour d'elle ; comment s'étonner que dans son voisinage les femmes soient restées au second plan ?

LE ROMANTISME. — GEORGE SAND

MESDAMES,

Dans son histoire de la Littérature Française,
M. Lanson dit que la Révolution a été la ruine de la
société polie, qu'elle a, pendant dix à douze ans,
suspendu absolument toute vie mondaine, supprimant
les salons et que depuis ce moment l'ancienne autorité
des gens du monde en matière de littérature et d'art
ne s'est jamais rétablie. Les femmes ont perdu ainsi
leur empire de plusieurs siècles. Il ajoute encore
qu'un des caractères de la littérature du XIXᵉ siècle,
c'est « d'être une littérature d'hommes, faite surtout
par et pour les hommes ».

Est-ce absolument exact? N'y aurait-il pas quelques réserves à faire? C'est possible, mais cependant, d'une manière générale, cela paraît vrai.
On pourrait dire la même chose pour l'influence
des femmes en politique. Peut-être n'a-t-elle pas disparu, mais elle s'exerce d'une façon plus indirecte.
La vie des hommes et des femmes est beaucoup
plus séparée aujourd'hui qu'autrefois, d'où une dimi-

nution de l'action féminine. Cette déchéance du rôle féminin est d'autant plus remarquable qu'elle coïncide avec une époque qui a fait faire un pas important à l'égalité civile des hommes et des femmes. Les femmes aujourd'hui en France héritent comme les hommes. Le droit d'aînesse est aboli : il n'y a plus possibilité pour des parents de tout donner à un seul enfant; les parents conservent la faculté d'avantager tel de leurs enfants dans une mesure fixée par la loi, mais cet enfant peut être tout aussi bien une fille. A ce point de vue on peut dire que les femmes ont gagné. Mais si elles ont plus de droits, elles ont moins d'influence.

L'influence des femmes s'exerce surtout dans la société, où elles règnent quelquefois autant par leurs charmes extérieures et par leurs qualités les plus futiles que par leur véritable valeur et leur intelligence.

Il est vrai qu'alors leur action est indirecte. Elles ne font pas les choses, mais elles les font faire. En ce sens on peut dire que les *féministes* ne regrettent rien du tout de l'influence féminine d'autrefois. Les suffragettes qui font beaucoup parler d'elles, même en France, ne demandent pas à exercer une influence de salon sur les hommes pour déterminer leurs votes, elles veulent voter elles-mêmes.

Cette demande est une suite logique de la Révolution; mais il a fallu que d'abord les hommes arrivassent à conquérir pour eux-mêmes le suffrage universel; alors les femmes sont arrivées à leur suite. La question des droits des femmes en matière politique n'était pas encore posée à l'époque romantique dont nous allons nous occuper aujourd'hui.

Il y a au commencement du xix siècle un grand mouvement qui s'est fait sentir à la fois dans les lettres, les arts, la philosophie, l'histoire, la critique, partout : c'est le romantisme. Qu'est-ce que le romantisme apportait de nouveau pour les femmes ?

Le romantisme réclame avant tout, pour l'individu, le droit d'être complétement lui-même, de réaliser pleinement toute sa mesure ; la vertu que les anciens appréciaient tellement autrefois et qu'ils appelaient la *tempérance* (dans un sens plus étendu que celui que nous attribuons à ce mot actuellement), cette vertu n'a plus d'adeptes chez les romantiques. Il ne s'agit plus de l'équilibre de l'âme, de la subordination des appétits à l'intelligence, d'une harmonie à réaliser dans la vie. La *nature*, glorifiée par Rousseau, est proclamée bonne. La nature comporte tout aussi bien la passion que la raison ; la passion est peut être même plus fréquente que la raison dans la nature. Aussi dans la nouvelle morale, plus rien de l'ancien pessimiste chrétien qui se défiait des instincts et des appétits et condamnait la nature ; mais rien non plus de la sagesse platonicienne ni de la vertu des stoïques.

La passion, condamnée autrefois comme une faiblesse, est maintenant exaltée comme une gloire. Ce qu'on déclare mesquin, plat, ce sont les lois sociales et morales qui entravent l'essor de l'individualisme. Ce qu'on admire avant tout, c'est l'énergie de l'individu qui ose se révolter contre ces lois pour affirmer ses droits à se développer dans son propre sens. Et comme la passion la plus forte de l'humanité a toujours été la passion de l'amour, il en résulte un relâchement extraordinaire de toute la morale relative à l'amour.

Il y a certainement quelque chose de beau dans l'individualisme quand il est bien compris. Il n'y a pas de code, de loi, de mécanisme social, qui puisse prévaloir contre une conscience qui refuse son acquiescement lorsque, dans son for intérieur, elle juge qu'elle ne doit pas se soumettre. Comme le dit admirablement Victor Hugo :

Tout un océan tout bat en vain un grand cœur.

C'est alors l'apologie de Socrate revendiquant le droit de prêcher ce qu'il croit être la vérité ; c'est la réponse des apôtres aux persécuteurs « Nous ne pouvons pas » ; c'est le silence de Thraséas. Il faut bien qu'il y ait de temps en temps de ces points de résistance dans les grands courants humains. Quand l'humanité a trouvé certaines formes commodes d'organisation sociale, elle arrive, par la force même de l'habitude, à donner à ces formes, une espèce de caractère nécessaire, éternel, à en faire comme une religion ou une morale ; alors elle s'attache à ces formes, elle leur subordonne et leur sacrifie la vérité ; elle les érige en dogmes où elle prétend emprisonner l'intelligence. Vient un jour un esprit qui se rit de ces entraves, ouvre les portes de la prison et s'envole. Or en ouvrant ses ailes, ce n'est pas seulement lui-même qu'il libère, c'est aussi l'humanité.

Nous aimons la protestation héroïque d'un grand cœur s'élevant du milieu des lâchetés universelles. Et s'il est vaincu dans la lutte, nous l'appelons martyr.

Nous aimons celui, qui, au milieu d'une routine d'idées scientifiques, historiques, philosophiques longtemps acceptées, arrive tout à coup, osant critiquer ce qui était devenu comme un évangile intellectuel, s'oppose aux dogmes admis et propose des vues nouvelles qui, d'abord combattues de tous, deviennent ensuite principes de rénovation et de progrès.

Nous admirons toutes ces formes de l'individualisme ; et pourquoi ? Parce que dans tous ces cas l'individu, en s'élevant contre l'humanité (ou plutôt contre les formes passagères d'humanité qui sont celles de son pays et de son temps), en appelle, non à lui-même, mais à des vérités supérieures qui enveloppent à la fois l'humanité et lui-même. Car l'individu le plus grand, ce n'est pas celui qui concentre tout en sa propre personne ; c'est celui qui donne une expression forte, intéressante, nouvelle, à des vérités éternelles.

Ce n'est pas là l'individualisme romantique. Certainement, il revendique son droit à avoir une vue propre de la vérité ; mais ce qu'il réclame surtout, c'est le droit au plein développement personnel au point de vue de la jouissance et du bonheur. Sous l'exaltation du langage, c'est souvent cela la passion. On veut être heureux, et on n'admet ni les lois morales, ni les lois sociales qui s'opposent à ce bonheur. C'est là le fond. Et ces idées ne sont pas aujourd'hui des idées du passé, des idées mortes ; elles sont toujours extraordinairement vivantes. Il suffit de lire tel ou tel roman contemporain pour constater avec stupéfaction que l'idée morale en est complètement absente. La question qui s'y pose au moment où la passion entraîne, ce n'est pas : « Cet amour n'est-il pas coupable ? Ne vais-je pas m'avilir ? » Non, il n'y a pas de lutte entre la passion et le devoir ; l'idée du devoir n'existe plus. Il y a là un abaissement de la moralité. Est-ce un état transitoire préparant des états nouveaux, supérieurs, de l'humanité ? Espérons-le.

L'amour étant la plus forte de toutes les passions humaines, les romantiques proclament les droits de l'amour. Pourvu qu'il soit sincère, il annule tout ce qui n'est pas lui. Il y a des obstacles à l'amour ; ils sont *sociaux* ou *moraux. Sociaux* : ce sont les lois, les opinions communes, *bourgeoises*, disent les romantiques, sur la famille et le mariage. Voilà deux époux unis par un lien indissoluble puisque le divorce a été supprimé par la Restauration, mais un des époux s'éprend d'un nouvel amour ; les romantiques louent, exaltent l'homme ou la femme qui se moquent de la loi et osent trahir le conjoint qui n'est plus aimé pour se livrer à la passion nouvelle : voilà, pour eux, une marque de supériorité d'esprit et d'âme. — Il y a aussi des obstacles *moraux* : ce n'est pas seulement la loi qui condamne l'adultère, par exemple, c'est aussi la morale, cette vieille morale d'autrefois qui ordon-

nait de sacrifier la passion au devoir, la morale de
Corneille, de Racine. Cette morale là était délicate,
ombrageuse ; non seulement elle ne permettait pas une
faute, mais elle appelait faute le moindre témoignage
d'amour donné à celui ou celle qu'on ne devait pas
aimer. L'aveu d'un sentiment coupable était une faute,
le silence était de devoir, la séparation en certains cas
s'imposait. La délicatesse était telle que Mme de Clé-
ves, après la mort de son mari, ne juge pas qu'il lui
soit vraiment permis d'épouser M. de Nemours. Je ne
dis pas, bien entendu, que ce fût la morale pratiquée
par tout le monde au xviie siècle; non, alors comme
en tout temps, il y a eu des faiblesses, des fautes;
on n'aurait qu'à cueillir dans les mémoires et les histoires du temps, et la moisson serait abondante;
mais ces faiblesses, lorsqu'on s'y laisse entraîner,
on continue à les traiter de faiblesse, on ne les
glorifie pas, on ne les transforme pas en devoir.
Pécher est déplorable sans doute, mais perdre toute
conscience du péché, c'est plus grave.

Ces sentiments fiers, délicats, que nous avons
trouvés dans des héroïnes comme celle de Mme de La
Fayette, le romantisme les rejette. On réclame contre
les lois qui ne veulent pas dénouer le mariage ; quant
à la morale, on l'oublie, tout simplement ; elle est
comme si elle n'existait pas ; ou plutôt on la trans-
pose : ce qu'on considère dorénavant comme un devoir, c'est la passion elle-même ; la moralité nouvelle
consiste dans le triomphe de la passion sur l'ancien
devoir, le vieux devoir cornélien, le devoir selon la
signification que la plupart des humains donnent à
ce mot.

A première vue, on pourrait croire que les femmes
ont beaucoup gagné à cette exaltation de l'amour. Les
poètes romantiques ont écrit de vrais hymnes à la
femme; c'est pour eux un ange, une divinité, un être
idéal et céleste. Rappelez-vous les discours d'Hernani

à Doña Sol, de Ruy Blas à la Reine. C'est une apothéose de la femme. Mais en regardant de plus près,
on n'a plus la même impression. En enlevant à la passion toute règle, on atteint la dignité de la femme, on
la découronne. Sa gloire, c'était de ne pas être conquise facilement. Mais au moment où elle sacrifie sa
dignité, elle perd de son prestige. Prenons par exemple l'histoire de Titus et de Bérénice et donnons-lui
un dénouement romantique. Titus abandonne l'Empire,
il s'en va avec Bérénice vivre aux confins du monde,
oubliant Rome et les Romains, et se livre à l'amour
auquel il ne peut résister. Au point de vue romantique, c'est la vraie manière de comprendre le devoir.
Est-ce une victoire pour Bérénice ? La véritable victoire pour une femme digne de ce nom, ce n'est pas
d'avilir celui qu'elle aime, c'est d'avoir conquis un
cœur capable à l'occasion de sacrifier son bonheur et
même son amour à des idées plus élevées. Le bonheur
de Bérénice séparée de Titus sera de savoir qu'elle
possède l'amour d'un tel cœur. Si Titus l'avait suivie
dans une exaltation d'amour romantique en chantant
un hymne à la femme, être angélique et céleste, le
bonheur de Bérénice (si elle avait pu être heureuse
dans ces conditions) eût été d'une qualité beaucoup
plus médiocre.

Un des reproches qu'on peut faire à cette théorie du
romantisme, c'est d'abaisser la qualité de l'amour.
Dans *Ruy Blas*, la reine d'Espagne est pleine d'admiration pour Ruy Blas devenu ministre ; elle lui
demande où il trouve la force de faire tout ce qu'il
fait et quand elle veut savoir pourquoi il est si bon,
pourquoi il est si grand, il lui répond : « Parce que je
vous aime ». Elle est ravie parce que c'est une femme
romantique, mais pour une âme féminine d'une autre
espèce, une telle réponse serait un désenchantement.
« Ah ! je croyais que tu agissais par amour de la patrie,
de la justice, du bien ; je croyais que ton âme était

haute ; et c'est seulement parce que tu m'aimes !
Alors, tu ne serais rien, si tu ne m'avais pas
aimée ? »

Je me demande quel choix ferait une femme :
aimera-t-elle mieux celui qui fait tout pour elle, ou
celui qui fait tout pour quelque chose de plus grand ?
Une femme qui a la moindre élévation d'âme sait
bien qu'un homme qui résume toute son existence
dans l'amour est un homme d'un type inférieur. Qu'est-
ce qu'un homme qui vit exclusivement pour une
femme ? Il y a la patrie, il y a l'art, il y a la science ;
une femme aimera d'autant plus son mari qu'elle le
saura attaché à tout cela. L'idéal de l'amour, ce serait
que l'homme et la femme pussent communier dans
les choses supérieures. Stuart Mill par exemple, le
grand philosophe anglais, épousa une femme d'une
haute intelligence, qu'il avait aimée longtemps avant
de l'épouser ; son mariage dura peu d'années, mais
comme il parle de ce mariage, de cette collaboration d'âmes, et de l'admiration qu'il a pour sa
femme parce qu'il sait qu'elle apprécie autre chose
que lui, qu'elle l'aime dans les idées, dans les
pensées, où tous deux se rejoignent ! C'est là la
plus haute forme de l'amour, l'amour plus fort
que la mort, parce qu'il est fondé sur quelque chose
d'éternel.

L'amour romantique ne s'oppose pas au péché ; il
l'accepte et le baptise vertu. Il purifie tout, grandit
tout, légitime tout. Rappelez-vous encore chez Victor
Hugo Marion Delorme ; après toute une vie de désordres, elle éprouve un amour sincère ; aussitôt elle est
purifiée. On semble de cette manière élever la femme
sur un piédestal ; en réalité, on l'en fait descendre. La
femme qui met toute sa gloire à se donner contre la
morale, contre l'honneur, donne peut-être à celui
qui l'aime un bonheur passager ; mais en dépit
des beaux mots dont il l'enguirlande, il sait bien

qu'elle est déchue. Au contraire, quand Pauline dit
à Sévère :

> Et croyez qu'un devoir moins ferme et moins sincère
> N'aurait pas mérité l'amour du grand Sévère,

Elle grandit, non seulement dans l'admiration de
Sévère, mais aussi dans son amour.

Nous allons voir l'amour romantique chez une femme
qui fut à la fois une théoricienne et une praticienne
du genre, George Sand. C'est une des femmes les
plus célèbres qui aient existé. George Sand naquit
en 1804. Elle s'appelait Aurore Dupin. Sa grand'mère
était une fille naturelle de Maurice de Saxe et d'une
cantatrice : elle se trouvait être ainsi la petite-fille
d'un roi de Saxe. La fille de Maurice de Saxe épousa
d'abord le comte de Horn, puis M. Dupin de Francueil
dont il est souvent question dans les correspondances
du xviiie siècle. Son fils, Maurice Dupin, fut le père
de George Sand. Il s'éprit en Italie d'une jeune
femme française qui était loin d'avoir une vie irréprochable; ce mariage ne fut pas d'abord accepté par la
grand'mère de George Sand, mais peu à peu une
réconciliation se fit. George Sand se rattache donc à
une double descendance; d'une part une descendance
royale, et d'autre part une descendance beaucoup
moins élevée. Pour ceux qui croient à l'hérédité, on
peut dire qu'elle avait de qui tenir. Maurice de Saxe
n'est pas connu pour la rigidité de ses mœurs, la mère
de la grand'mère de George Sand était une femme
peu vertueuse, la mère même de George Sand n'était
pas elle-même d'une vertu très sûre; ainsi ses instincts héréditaires ne la poussaient pas vers une
moralité très rigoureuse.

Maurice Dupin mourut jeune, et Aurore fut élevée
chez sa grand'mère. C'était une femme de l'ancien
régime, qui, par ses manières et son costume d'autrefois étonnait beaucoup sa petite-fille : robe de soie

sombre à manches plates, petit bonnet avec une cocarde de dentelle. Elle habitait sa maison de Nohant, dans le Berry, qui appartint ensuite à George Sand. C'était une grande maison d'un caractère presque seigneurial avec un entourage campagnard. On sait combien George Sand aima la campagne et comme elle sut la peindre avec une poésie pleine de naturel; il n'y a pour ainsi dire rien d'*artiste* dans la manière dont George Sand voit la campagne, toute pure, sans complication de symbolisme et d'imagination.

Dès l'âge de douze ans, George Sand s'exerça à écrire. Elle lisait beaucoup. Elle passa ensuite trois années dans un couvent, puis revint à Nohant et y reprit des lectures qui portaient sur des sujets variés et sérieux. C'était l'avantage de ces maisons d'autrefois, avec leurs bibliothèques remplies d'ouvrages dont le trésor s'augmentait de génération en génération. Aujourd'hui la vie est plus nomade, et avec les changements de résidence, tout se disperse peu à peu au hasard des héritages. George Sand lut donc à Nohant, Chateaubriand, Locke, Condillac, Montesquieu Montaigne, Aristote, Pascal, Shakespeare, Rousseau qui la saisit d'enthousiasme et eut une grande influence sur ses idées.

La grand'mère de George Sand mourut en 1821. Peu après Aurore fit la connaissance de Casimir Dudevant, fils naturel du colonel baron Dudevant. Le mariage fut conclu sans qu'on eût beaucoup réfléchi de part et d'autre pour savoir si réellement les fiancés se convenaient. Ce mariage d'où naquirent deux enfants, Maurice et Solange, ne fut pas heureux. Le mari était grossier, mal élevé, passant sa vie à chasser à manger et à boire, ressemblant aussi peu que possible à sa femme qui pensait et lisait beaucoup, et d'autre part ne se piquant pas d'une parfaite fidélité. Quant à George Sand elle-même, fut-elle irréprochable ? La vie qu'elle a menée ensuite n'est pas une garantie suffisante pour nous faire proclamer qu'elle n'a jamais rien eu à se reprocher. Quoi qu'il en soit il y eut une demi-séparation. Dès 1830, George Sand quitte Nohant, s'installe à Paris, et se considère comme absolument libre. Elle se lie avec Jules Sandeau ; elle écrit, en partie pour se procurer des ressources, puis en collaboration avec Jules Sandeau.

En 1832 parut le célèbre roman d'*Indiana*, exalté, passionné, écrit en style lyrique bien fait pour plaire au goût de l'époque, et qu'elle signe pour la première fois du pseudonyme de *George Sand*. Ce fut un enthousiasme chez les uns, d'âpres critiques chez d'autres qui se scandalisaient des doctrines prêchées. Après *Indiana* parut *Valentine*, puis *Lélia*, ouvrage étrange où George Sand semble avoir voulu résumer toutes ses idées lyriques, poétiques et philosophiques; c'est un chaos, mais c'était tout à fait dans le goût du temps. A ce moment, elle est célèbre; elle a un traité avec la *Revue des Deux Mondes;* ce traité lui donnait 4.000 francs par an régulièrement à condition qu'elle livrât toutes les six semaines trente-deux pages de copie. On peut dire que sa prose n'était pas ainsi très richement payée, mais elle avait son existence assurée. Un pareil contrat aurait été impossible avec des talents d'une nature différente. Musset, par exemple, n'écrivait pas ainsi à point nommé, il attendait les visites de l'inspiration et pendant des mois entiers il ne faisait rien. George Sand, elle, avait la faculté du travail continu. Elle se mettait à heure fixe à sa table, commençait à écrire, s'interrompait quand le moment était venu de passer à d'autres occupations, et le lendemain elle reprenait son œuvre au point où elle l'avait laissée. Elle ne connaissait pas l'état de sécheresse et d'impossibilité de production.

George Sand, célèbre par ses livres, ne l'est pas moins par sa vie, qui a fait scandale. Elle s'habille en homme, elle fume. Aujourd'hui, la plupart des femmes d'Orient fument et beaucoup de femmes occidentales s'y sont mises aussi; au temps de George Sand, en France, c'était un véritable défi à l'opinion. Dans sa société, les manières sont très libres, d'un genre un peu bohême ; les amusements, les plaisanteries sont risqués, ou d'un goût douteux. George Sand traite familièrement tous ses amis. Elle les tutoie, elle a avec eux, des allures de camarade. Tout cela étonne le bourgeois, comme on disait alors, mais en réalité cela choque aussi la réserve qui fait la dignité de la vie la plus simple, et qu'il ne faut pas confondre avec la morgue ou l'étiquette. Il y a une certaine manière de vivre les uns avec les autres qui est comme un signe du respect qu'on a pour les personnes humaines. Renan parlant de son amitié avec Berthelot dit qu'ils gardèrent toujours entre eux ces manières réservées. Telle fut aussi autrefois la célèbre amitié de Boileau et de Racine. Tels étaient aussi les rapports des pères et des enfants autrefois, telle la façon dont Racine parle à son fils ou Mme de Sévigné à sa fille que cependant elle adore. Il y a là une espèce de tact qui n'a pas seulement un caractère social ou mondain, mais qui est aussi une délicatesse morale.

Lorsque il y a un tel relâchement dans la tenue, il est bien rare qu'il ne s'accompagne pas d'un relâchement dans les mœurs. Les liaisons se succèdent dans la vie de George Sand; des passions toujours ardentes, puis refroidies et qui aboutissent à une séparation. Ainsi défilent tour à tour Sandeau, Mérimée, Musset, le médecin italien Pagello, Michel de Bourges (un des socialistes du temps), Chopin, Pierre Leroux (autre socialiste). La plus célèbre de ces liaisons, c'est celle avec Alfred de Musset; elle débuta en 1833 ; le voyage en Italie et le séjour à Venise se placent entre décembre 1833 et avril 1834 ; puis c'est une rupture, et après un racommodement, la rupture définitive en 1835.

Cette histoire a défrayé pendant longtemps la chronique ; elle a donné lieu à des polémiques sans fin, et les héros eux-mêmes se sont mêlés à ce tournoi. George Sand écrivit *Elle et Lui*. La *Confession d'un enfant du siècle* de Musset, renferme des souvenirs. Paul de Musset, le frère d'Alfred écrivit *Lui et Elle*, où il ne donne pas le beau rôle à George Sand, qui pourtant avait épargné Alfred de Musset dans son livre. Aujourd'hui que nous possédons toutes les pièces du procès et que toutes les correspondances ont été publiées, les polémiques sont éteintes. Il n'y a plus maintenant qu'une question de sentiment, les uns donnant le plus grand tort à Musset, les autres à George Sand, mais on est d'accord pour dire qu'ils ont eu des torts tous les deux.

C'est une dramatique histoire d'amour, une tragédie d'amour, plutôt, mais ce n'est pas une belle histoire d'amour ; c'est la passion romantique toute pure, sans frein, sans moralité. Une seule chose la relève, c'est que les héros sont de grands écrivains tous deux, mais il est tel épisode de l'histoire qui aboutit à l'aberration et à la folie, par exemple quand paraît le médecin Pagello et que Musset donne pour ainsi dire sa bénédiction à la nouvelle amitié de Pagello et de George Sand. C'est le comble du faux. Mais comme Musset était un grand poète, il a tiré de cette crise d'amour et de douleur quelques-unes de ses plus belles œuvres ; nous lui devons les *Nuits* et le *Souvenir*.

Outre ces liaisons successives, George Sand a été en relations avec la plupart des gens célèbres du temps, le grand musicien Liszt, la comtesse d'Agoult, connue dans la littérature sous le nom de Daniel Stern, Sainte-Beuve. A Nohant où elle vécut après 1835, on rencontrait beaucoup de gens connus, des artistes : Calamatta, Delacroix, Fromentin ; des écrivains : About, Tourguenief, Dumas, Balzac, Gautier, etc.

Quand on juge la vie de George Sand il est difficile d'excuser l'irrégularité de sa conduite, et de ne pas s'étonner de cette espèce de naïveté, d'inconscience, qu'elle y apporte ; c'est une vraie perversion du sentiment moral. A chaque nouvelle passion elle croit avoir trouvé le véritable élu de son cœur ; il se trouve n'être qu'un homme comme les autres : l'illusion tombe, l'amour aussi, mais l'illusion est toute prête à renaître quand une nouvelle occasion se présentera.

Une opinion assez répandue, c'est qu'un artiste ou un écrivain jouissent d'une sorte d'immunité dans leur vie privée. Les expériences, dit-on, leur sont nécessaires ; ils ne peuvent peindre la vie s'ils n'ont pas beaucoup vécu. On est, il est vrai, plus choqué de rencontrer des désordres dans la vie d'une femme ; mais, ajoute-t-on, il faut bien admettre que la femme de génie échappe à la règle commune de son sexe. Elle doit être jugée comme un homme. On l'excusera de mener une vie irrégulière, si c'est la condition des expériences qui lui feront connaître le cœur humain.

Il m'est difficile de me rallier à cette manière de voir. Je me demande pourquoi l'immoralité serait nécessairement la rançon du génie. Est-ce qu'il n'y a pas dans la régularité, dans l'équilibre, dans l'harmonie des belles et bonnes choses, une inspiration aussi riche et aussi féconde que celle qu'on peut trouver dans la passion à laquelle on s'abandonne ? S'il est vrai qu'on doive accorder quelques privilèges aux femmes supérieures, c'est un triste privilège que l'impunité dans le mal.

A la fin du règne de Louis-Philippe, George Sand, sous l'influence d'un socialiste du temps, Pierre Leroux, devient, elle aussi, socialiste. Elle se mêle activement à tout ce mouvement d'idées et écrit des romans humanitaires aujourd'hui difficiles à lire pour nous. C'est le socialisme mystique. Au moment de la

Révolution de 1848, George Sand montre un enthousiasme passionné ; elle va à Paris, se mêle aux événements, écrit des articles, des manifestes ; mais peu à peu arrivent les désillusions et le coup d'Etat du 2 décembre qui a en fait supprimé la République et établi le pouvoir du prince Louis-Napoléon Bonaparte, le futur Napoléon III. Ce coup d'Etat a trouvé George Sand assez philosophe ; elle qui s'était tant compromise dans le sens non seulement républicain, mais socialiste, elle accepte l'événement sans protestation. Elle fut du reste assez bien avec le pouvoir Impérial. Napoléon III lui envoyait ses ouvrages (il écrivait une histoire de Jules César).

George Sand, à partir de cette époque, se renferme dans sa maison de Nohant. Elle écrit ses romans berrichons, où il n'y a pas de rêveries humanitaires, pas d'élucubrations lyriques, pas de socialisme, mais des récits extrêmement simples, des idylles: *la Mare au diable*, la *Petite Fadette*. Plus tard, elle écrit encore d'autres romans, simples récits d'amour, mais non plus avec le caractère extravagant du romantisme : *Jean de la Roche*, le *Marquis de Villemer*. Ce qui est intéressant dans ces romans, c'est le paysage où George Sand aime à situer ses personnages. Elle n'a pas seulement peint le Berry, mais aussi d'autres provinces qu'elle a visitées : l'Auvergne, le Velay, dont elle a fait de belles peintures dans le *Marquis de Villemer*.

Dans ces dernières années de la vie de George Sand, elle n'est plus que grand'mère ; elle a chez elle sa fille, ses petites-filles. C'est le temps où on l'appelle *la bonne dame de Nohant*, où elle s'occupe des paysans de la région et est parmi eux populaire, où elle s'intéresse à tout ce qui est la nature, aux fleurs, aux pierres, s'entourant d'oiseaux ; où elle a son petit roitelet familier qui se perche jusque sur sa plume.

Comme elle était très célèbre, elle recevait à Nohant beaucoup de visites. Des étrangers venaient la voir, quelquefois elle s'amusait à se moquer d'eux. Voici comment elle recevait les Anglais :

« Avec la même placidité qu'elle apportait dans tous les actes de sa vie, raconte un biographe, George Sand les mystifiait presque tous. Une fois, c'est une Anglaise qui vient l'interviewer.

« A quelle heure travaillez-vous, Madame ?

— Jamais je ne travaille.

— Ho ! mais, vos livres, quand les faites-vous ?

— Ils se font d'eux-mêmes, le matin, le soir et la nuit.

— Quel est votre roman préféré ?

— Olympia.

— Ho ! mais je ne le connais pas.

— Peut-être ne l'ai-je pas fait encore. »

Un autre jour, on vient annoncer à George Sand qu'une respectable miss au visage oblong, coiffée d'un excentrique chapeau de paille, étriquée dans une robe à ramages, désirait la voir.

Irritée, cette fois, l'auteur de Mauprat hésite à recevoir l'inconnue, lorsque un jeune homme du voisinage, un garçon de quinze ans, s'offre à voir l'insulaire à la place de George Sand. Aussitôt le voi... qui se grime, met une robe, se fait de larges bandeaux, prend une démarche majestueuse et apparaît dans le salon un peu sombre.

L'anglaise bondit, mue par un ressort :

« Madame, bégaye-t-elle, je viens, je souis... Ah ! Madame ! que je souis heureuse de vous voir ! Je havais fait le voyage de Hangleterre en France exprès pour cela. Extraordinairement belle, ô yes ! »

Le jeune garçon ne soufflait mot et gardait son sérieux.

« Oh ! Beaucoup de monde il était vos lecteurs dans Hangleterre. George Sand, quelle figurine énergique vous avez ! »

Mais soudain son interlocuteur qui ne savait comment terminer cette petite scène, se touche le front :

« L'Inspiration ! » prononce-t-il, et il gagne la porte avec majesté.

— « Oh ! s'écrie l'Anglaise, bondissant de nouveau. Je pourrai dire dans Hangleterre que je havais vu la grande George Sand au moment de son Inspiration ! »

C'est ici un peu l'ancien genre des mystifications que se permettait la société de George Sand, alors qu'elle était plus jeune, et vivait d'une vie de bohême.

Elle mourut en 1876. Ce fut un deuil dans tout le pays. Vinrent pour assister aux funérailles des personnages bien connus, le prince Napoléon, Renan, Flaubert. On a décrit ce convoi, avec tous ces paysans qui suivaient.

C'est à Nohant qu'on se plaît à se la représenter : elle y était silencieuse ; au contraire de Mme de Staël, elle parlait peu, elle semblait toujours ruminer une pensée, ou quelquefois elle avait l'air de ne penser à rien. On raconte que Théophile Gautier étant venu un jour la voir fut si surpris de la façon peu aimable dont il était reçu, qu'il allait se décider à partir. Lorsqu'on en informa George Sand, elle s'écria : « Pourquoi ne lui avez-vous pas dit que j'étais bête ? » Henri Heine dit aussi que parmi les femmes françaises qu'il a connues, George Sand est celle qui lui a paru la moins spirituelle. Elle n'avait pas l'esprit extérieur qui brille dans le monde, mais un esprit plus intérieur, plus profond.

Nous réserverons pour la prochaine fois l'étude de l'œuvre de George Sand au point de vue de la question qui nous occupe, c'est-à-dire que nous dirons quelques mots de ses idées sur le mariage et l'amour.

L'ŒUVRE DE GEORGE SAND

QUELQUES FRANÇAISES DU XIXe SIÈCLE

Mesdames,

Il nous reste à dire quelques mots de l'œuvre de George Sand.

Comme écrivain, elle jouissait d'une extraordinaire facilité. Tout coulait de source chez elle ; elle n'a guère connu le travail qui consiste à chercher une expression ; ce n'est pas une *styliste*. Est-ce là une infériorité ? C'est plutôt une supériorité, en un sens. Les qualités du *styliste* sont souvent des qualités extérieures ; mais le bon style, c'est celui qui rend bien une bonne pensée. Il y a quelque chose d'un peu factice dans ce travail de styliste auquel certains écrivains attachent une telle importance. Beaucoup de critiques aussi pensent faire un grand éloge d'un style en disant qu'il est *d'une belle tenue littéraire.* Mais c'est bien peu de chose. L'affaire, c'est que la pensée soit juste, profonde, forte. C'est la pensée qui crée le vrai style. Pardonnons à George Sand ce que lui reprochaient quelques contemporains, de ne pas s'être attardée à ciseler ses phrases.

La facilité de George Sand à écrire ses romans s'accompagnait, il faut l'avouer, d'une certaine mollesse dans le plan. Elle laissait pour ainsi dire le récit se composer de lui-même. Il y a là peut-être, on l'a dit, quelque avantage en ce sens que les caractères qui se déroulent ainsi se forment et se développent naturellement, mais il y a aussi un inconvénient, c'est le danger d'incohérence, une composition un peu lâche et incertaine, des longueurs.

A propos de son peu de souci du style, George Sand écrivait à Flaubert (un styliste, lui) : « Quant au style, j'en fais meilleur marché que vous. Le vent joue de ma vieille harpe comme il lui plaît d'en jouer. » Flaubert, au contraire, travaillait beaucoup pour arriver à un style impeccable, au relief, au coloris. Baudelaire disait de George Sand : « Elle a le fameux *style coulant* si cher aux bourgeois. » C'est une épigramme, et, on peut ajouter, injuste. Le *style coulant* à la George Sand n'est pas à la portée de beaucoup de *bourgeois*. Le style de George Sand, si l'on met de côté certains accès lyriques, surtout dans ses romans de la première période, est, à tout prendre, un bon et large style, bien fait pour rendre les impressions de la nature. Les paysages de George Sand sont célèbres. Ils sont admirablement *vus*, sans déformation, sans symbolisme, sans *littérature* : et ceci n'est pas un mince mérite, car il n'y a rien de plus agaçant que l'invasion de la littérature dans les choses qui doivent être avant tout naturelles.

Il nous faut revenir maintenant aux théories des premiers romans de George Sand sur l'amour et le mariage, non seulement parce qu'elles expriment les idées romantiques à ce sujet, mais parce qu'on y

trouve le germe d'autres idées qui, sous de nouvelles
formes, ont depuis quelque temps reparu.

Selon George Sand, à l'époque la plus romantique
de sa carrière, l'amour vient de Dieu : il est invincible,
fatal. « C'est en vain, dit un de ses personnages, que
toutes les considérations humaines élèveraient la voix
pour le détruire. » Ceux qui doivent s'aimer s'aiment fatalement. Mais l'amour, s'il naît fatalement,
peut disparaître de la même façon. « Quand j'ai senti
l'amour s'éteindre, dit Jacques, j'ai obéi à la Providence qui m'attirait ailleurs. » La Providence est
ainsi rendue responsable de toutes les infidélités des
gens. Mais voici que la femme de ce même Jacques se
sent, elle aussi, attirée ailleurs. Fidèle à sa théorie,
Jacques admet le droit de sa femme à aimer quelqu'un d'autre. « Ils ne sont pas coupables, ils s'aiment.
Il n'y a pas de crime là où l'amour est sincère. »
Voilà qui est tout simple ; un mari s'aperçoit que sa
femme en aime un autre que lui, il se résigne ;
l'amour est fatal. Ils s'aiment ? moi, je m'efface, je
disparais.

Il n'est pas difficile de retrouver dans cette théorie
l'influence de Rousseau, et ses idées sur la bonté
originelle de la nature. Tout ce qui est naturel est
bon ; et comme les instincts et les appétits font partie
de la nature, on en arrive fatalement à la divinisation
de l'instinct.

Mais cet instinct qui vient de Dieu rencontre des
obstacles : c'est la loi, c'est la société, c'est le
mariage. L'amour, par exemple, ne connaît pas les
rangs. George Sand nous montrera l'homme du
peuple amoureux d'une femme de la plus haute classe
et elle les unira par des mariages invraisemblables.
Ici ce n'est plus seulement l'idée romantique de
l'amour, c'est aussi l'idée humanitaire de la fraternité universelle. Ce goût qu'on avait pour rapprocher
ainsi des gens séparés socialement et aussi très

romantique. C'est le fond du *Ruy Blas* de Victor Hugo. Ruy Blas est un laquais amoureux d'une reine, qui, par une série d'événements invraisemblables et extraordinaires, arrive à se rapprocher de la reine et à s'en faire aimer. Il est vrai que la reine découvrant à la fin que celui qu'elle croyait un grand d'Espagne est un laquais, le repousse ; mais cela ne peut pas être le vrai dénouement, et quand Ruy Blas désespéré se tue, la reine lui pardonne et l'aime, sachant qui il est.

Mais il y a un autre obstacle à ces passions que le romantisme divinise : c'est le mariage, qui unit deux êtres indissolublement. (Rappelez-vous que le divorce avait été aboli en 1816). Les théoriciens de l'amour romantique vont-ils accepter cette entrave ? Non certainement. George Sand engage les maris et les femmes à secouer le joug. « Je ne doute pas, « s'écrie un personnage que nous avons déjà cité, « Jacques, je ne doute pas que le mariage ne soit aboli « si l'espèce humaine fait quelques progrès vers la « justice et la raison ; un lien plus humain et non « moins sacré, remplacera celui-là et saura assurer « l'existence des enfants qui naîtront d'un homme « et d'une femme, sans enchaîner jamais la liberté de « l'un ou de l'autre. »

C'est la théorie de l'union libre. L'exemple de la vie de George Sand nous montre ce que peut donner dans la pratique une union uniquement formée par la passion sans qu'aucune loi, aucune convention sociale, vienne en garantir la durée.

George Sand elle-même aurait-elle maintenu ces idées hardies à la fin de sa carrière ? Peut-être bien que non. Les œuvres de son âge mûr ont un caractère beaucoup moins combatif, beaucoup plus calme. Ses romans berrichons sont des œuvres de la plus parfaite moralité. Dans un autre roman bien connu, moins goûté peut-être aujourd'hui qu'autrefois.

mais qui a beaucoup plu, le *Marquis de Villemer*, l'héroïne, Caroline de Saint-Geneix, aimée du marquis, ne veut pas consentir à cet amour parce que la vieille marquise n'admettrait pas ce mariage un peu inégal. Loin d'agir comme une pure héroïne romantique et de passer par-dessus toutes les conventions sociales, elle s'éloigne, consent à une séparation, se dérobe, et met elle-même entre elle et celui qu'elle aime une distance qui ne sera franchie que par une série de hasards. Pourtant George Sand n'a pu se résoudre à condamner ses deux héros au malheur; un si noble amour lui a paru mériter récompense; à la fin, par des arrangements peut-être invraisemblables, mais qui font plaisir au lecteur, tout s'arrange; les deux héros, qui d'ailleurs ont mérité leur bonheur, sont heureux.

On a remarqué que George Sand a plutôt une vue optimiste de la vie; elle croit volontiers au triomphe de la justice et de la bonté; elle n'aime pas peindre avec ironie les travers humains, les bassesses; elle voit la nature humaine comme bonne; en cela, elle est bien toujours disciple de Rousseau. A cause de ce parti pris d'optimisme, on a dit qu'il y avait un peu de faux et de convenu dans les romans de George Sand. Ce reproche est juste, mais le convenu ne vient pas de ce que George Sand a cru à la noblesse d'âme et à la générosité, il vient plutôt de ce que ses personnages sont des créations de son esprit, beaucoup plus que des types tirés d'une observation directe et objective de la réalité. Il y a de l'idéalisme chez George Sand; elle crée ses caractères et compose ses histoires suivant le jeu de son imagination; elle n'est pas de ces romanciers qui veulent avant tout faire des peintures vraies de la vie. Sans doute il y a des lecteurs qui aiment à retrouver la vie dans le roman, mais il y en a d'autres au contraire qui aiment en lisant, oublier un moment la vie, et qui ne sont pas fâchés qu'on leur serve des histoires merveilleuses ou des romans d'aventures. Ce ne sont pas toujours des gens d'une intelligence inférieure qui ont ce goût. Mme de Sévigné se plaisait à lire les romans de La Calprenède. Elle reconnaissait qu'ils n'avaient pas grande valeur, mais ces belles histoires, ces caractères généreux, ces passions romanesques, tout cela lui plaisait. Aujourd'hui encore il y a des gens qui aiment à s'enchanter par des récits et qui n'y cherchent pas tant la réalité qu'un amusement. Comment ont pu réussir les romans d'Alexandre Dumas père? Ce ne sont pas des ouvrages de premier ordre, la peinture des caractères est superficielle, ces héros sont un peu des fantoches; mais combien de gens cependant, et non des moins intelligents, se sont complus à cette lecture! Il faut admettre cette tendance de l'esprit humain. Il est tout aussi légitime de chercher dans une œuvre d'imagination une diversion aux réalités de la vie qu'une réédition des choses de la vie.

Le danger dans ce genre d'art, c'est que les œuvres n'aient qu'une vogue passagère. La mode s'attache à ces créations de l'imagination plus qu'à la réalité. La réalité dépasse de beaucoup la mode; mais il est difficile que dans des œuvres d'imagination pure la mode ne tienne pas une certaine place. Il s'en suit que la manière qui plaisait à une génération déplait à une autre.

Dans l'œuvre volumineuse de George Sand, une partie est caduque, certainement. Qu'en restera-t-il? Nous n'en savons rien. Combien il y a peu d'œuvres féminines qui aient réellement vaincu le temps! Il y a beaucoup de noms féminins connus; les œuvres le sont moins. Tous ceux qui connaissent le nom de Mme de Staël ont-ils lu *Delphine* ou *Corinne*? J'en doute. Ces livres figurent-ils encore dans beaucoup de bibliothèques? Je ne le pense pas. Déjà George

Sand a subi un peu de ce déclin. Il est vrai, on a essayé de la remettre au rang qu'elle doit, dit-on, conserver. — Pour nous, en ce début du XXᵉ siècle, ce qui reste d'elle surtout, c'est, avec ses romans berrichons, le souvenir d'un esprit large, d'un cœur ouvert à la pitié, d'une âme généreuse, enthousiaste et bonne.

George Sand est le grand nom féminin du XIXᵉ siècle en France. En dehors de France on en trouverait d'autres qui l'égalent, notamment, en Angleterre, la grande romancière George Eliot que d'aucuns préfèrent à George Sand ; mais nous sommes obligées de nous borner et c'est pourquoi nous ne nous occuperons que de ce qui concerne la France. C'est là que nous allons choisir encore quelques figures de femmes.

En voici une d'abord qui a été un exemple de ces brillantes réputations féminines qui donnent à leur temps l'illusion d'un talent véritable et qui ensuite déclinent : Mᵐᵉ de Girardin. Qui donc lit ses œuvres aujourd'hui ? Elle s'appelait Delphine Gay. Jeune fille, elle eut une réputation de poète, de muse, qui paraissait lui promettre l'immortalité ; on a presque cru qu'elle avait du génie. Une autre femme de lettres du XIXᵉ siècle, qui a écrit sous le nom de Daniel Stern, nous raconte l'émotion qu'elle éprouva le jour où elle fut mise pour la première fois en présence de *cette glorieuse Delphine*. Mᵐᵉ de Girardin a été portée aux nues ; elle a eu dans sa vie des moments éclatants. Faisant le voyage de Rome avec sa mère, un cortége se forma pour aller la conduire au Capitole. Mais cette gloire s'éclipsa peu à peu, car il vint des gens qui parlèrent mieux la langue de la poésie. A côté de Vigny, Lamartine, Hugo, les poèmes de Mᵐᵉ de Girardin pâlissent singulièrement.

Elle épousa un publiciste, fondateur du journal *la Presse* ; elle laissa alors la poésie, et fit du journalisme. Ses chroniques ne manquent pas d'esprit, elles sont assez piquantes, assez vives ; mais la littérature de journalisme est aussi une littérature destinée à périr vite. Mᵐᵉ de Girardin fit aussi du théâtre, des tragédies. Ah ! jusqu'à présent, aucune femme n'a réussi à faire des tragédies ! La *Judith* et la *Cléopâtre* de Mᵐᵉ de Girardin sont justement oubliées. Mais elle est l'auteur d'une autre pièce qui est restée et qui se joue encore à la Comédie Française ; pièce d'un genre moyen, tempéré, bourgeois : *La joie fait peur*. C'est une œuvre assez mince et l'on se demande vraiment pourquoi elle a duré aussi longtemps quand on songe que certains drames de Victor Hugo par exemple ne se soutiennent plus à la scène.

Les vers les plus célèbres de Mᵐᵉ de Girardin sont ceux qu'elle composa sur la mort du général Foy un héros de l'Empire, caractère noble et généreux, qui, sous la Restauration, fut un des orateurs libéraux et qui était considéré comme un type de patriotisme. L'ensemble de la pièce est faible ; la dernière strophe est la meilleure, et surtout le dernier vers. Cette strophe est inscrite sur la tombe du général Foy :

> Hier, quand de ses jours, la source fut tarie,
> La France, en le voyant sur sa tombe étendu,
> Implorait un accent de cette voix chérie...
> Hélas ! au cri plaintif poussé par la patrie,
> C'est la première fois qu'il n'a pas répondu !

Ce dernier vers a été célèbre, il mérite de l'être ; il faut surtout se replacer pour le comprendre au moment de la mort du général Foy. Pour nous, ce n'est plus qu'une noble figure du passé, mais à ce moment la France était comme séparée en deux camps, l'un qui se rattachait aux traditions de l'ancien régime et de la vieille monarchie française, l'autre qui se réclamait des traditions révolutionnaires et impériales. Le général Foy représentait cette nouvelle France, il en était une des incarnations les plus pures et les plus glorieuses.

On pourrait au XIXe siècle, nommer d'autres femmes poètes, aucune d'ailleurs ne s'élevant au premier rang. Il y a peut-être dans cette nécessité d'enfermer la pensée sous des formes aussi arrêtées que les formes de la poésie une difficulté spéciale pour les femmes, d'autant plus que la véritable poésie n'est pas seulement dans la forme, elle est aussi dans la pensée, la pensée forte, revêtue d'une forme rythmée. Les femmes n'ont pu encore produire aucune œuvre poétique de premier ordre. Mais au-dessous des grands génies, il y a encore place pour les talents, et nous pouvons relever au XIXe siècle les noms de Mme Desbordes-Valmore et de Mme Ackermann.

Mme Desbordes-Valmore a été longtemps oubliée, mais depuis quelque temps plusieurs critiques se sont attachés à faire revivre sa figure et à montrer ce que cette poésie avait de simple et de profond. On a fait une nouvelle édition de ses œuvres, on lui refait une nouvelle gloire. Ces résurrections sont toujours assez difficiles. Quoi qu'il en soit, il y a dans ses œuvres de réelles qualités, d'autant plus qu'elle a écrit ses premiers poèmes à un moment où n'avait pas encore commencé le mouvement du romantisme ; elle a donc le mérite de l'originalité. Sa poésie est naturelle ; elle coule de source. Le meilleur de son œuvre, c'est ce qu'elle a écrit sous l'inspiration d'un amour profond et malheureux qui a rempli son existence et qui est toujours resté secret ; elle a donc eu ce mérite de la discrétion que nous apprécions chez les femmes.

Il y a chez Mme Ackermann un trait assez rare chez une femme ; on pourrait dire d'elle que c'est un *penseur* ; non pas sans doute un Descartes ou un Pascal, mais c'est une femme d'un esprit supérieur, d'une vie très sérieuse tout occupée par l'étude (et des études portant sur des choses qui plaisent généralement plus aux hommes qu'aux femmes). Elle était allée en Allemagne exprès pour étudier la philosophie allemande, et elle a certainement compris cette philosophie. Elle s'occupait aussi d'histoire et de critique. Elle épousa un homme de valeur, un linguiste, et ce mariage très heureux entre deux esprits égaux, se livrant aux mêmes études, ne dura malheureusement que trois années. Mme Ackermann, veuve à trente-trois ans, quitta le pays où elle avait connu son mari, et vint se fixer à Nice, où vivait une de ses sœurs. Là, elle se livra encore à de vastes lectures ; elle connaissait le latin, le grec ; elle y joignit l'étude du sanscrit ; elle avait une culture philosophique extrêmement étendue. Sa poésie s'en ressent. On voit qu'elle *pense*, en prenant ce mot dans son sens le plus profond et le plus vrai, et c'est une des choses les plus rares chez une femme. Sa pensée d'ailleurs est triste, sombre, pessimiste ; elle est loin de l'optimisme de George Sand ; elle est attirée dans l'antiquité par le poète Lucrèce et dans les temps modernes par le poète anglais Shelley. Je n'ai pas ici le texte de ses poèmes philosophiques ; je n'ai qu'un volume où le choix des textes a été fait dans un but d'éducation, et où l'auteur a été arrêté par des scrupules ; il lui a semblé que cette pensée triste, qui voit la nature sans la Providence, sans aucune des idées religieuses qu'on considère comme propres à moraliser, n'était pas de nature à donner les meilleures impressions à la jeunesse. Je ne puis pourtant résister au désir de vous lire quelques vers de cette femme vraiment poète. Je choisirai d'abord parmi ceux que j'ai ici ceux où elle rappelle le douloureux souvenir de son mari mort.

In Memoriam.

I

J'aime à changer de cieux, de climat, de lumière.
Oiseau d'une saison, je fuis avec l'été,
Et mon vol inconstant va du rivage austère
    Au rivage enchanté.

Mais qu'à jamais le vent loin de ces bords m'emporte
Où j'ai, dans d'autres temps, suivi des pas chéris,
Et qu'aujourd'hui déjà ma félicité morte
    Jonche de ses débris.

Combien ces lieux m'ont plu ! Non pas que j'eusse encore
Vu le ciel y briller sous un soleil pâli ;
L'amour qui dans mon âme enfin venait d'éclore
    L'avait seul embelli.

Hélas ! avec l'amour ont disparu ses charmes,
Et sous ces grands sapins, au bord des lacs brumeux,
Je verrais se lever comme un fantôme en larmes
    L'ombre des jours heureux.

Oui, pour moi tout est plein, sur cette froide plage,
De la présence chère et du regard aimé ;
Plein de la voix connue et de la douce image
    Dont j'eus le cœur charmé.

Comment pourrais-je encor, désolée et pieuse,
Par les mêmes sentiers traîner ce cœur meurtri,
Seule où nous étions deux, triste où j'étais joyeuse,
    Pleurante où j'ai souri ?

Painswick, Glocestershire, août 1859.

II

Ciel pur dont la douceur et l'éclat sont les charmes
Monts blanchis, golfe calme aux contours gracieux,
Votre splendeur m'attriste, et souvent à mes yeux
Votre divin sourire a fait monter les larmes.

Du compagnon chéri que m'a pris le tombeau
Le souvenir lointain me suit sur ce rivage.
Souvent je me rapproche, ô soleil sans nuage,
Lorsqu'il ne te voit plus, de te trouver si beau.

Nice, mai 1851.

Voici quelques vers sur le passé :

A l'horizon changeant montent d'autres étoiles.
Cependant, cher passé, quelquefois un instant
La main du Souvenir écarte tes longs voiles,
Et nous pleurons encore en te reconnaissant.

Et voici sur la comète de 1861 :

A la Comète de 1861.

Bel astre voyageur, hôte qui nous arrives
Des profondeurs du ciel, et qu'on n'attendait pas,
Où vas-tu? Quel dessein pousse vers nous tes pas?
Toi qui vogues au large en cette mer sans rives,
Sur ta route, aussi loin que ton regard atteint,
N'as-tu vu comme ici que douleurs et misères?
Dans ces mondes épars, dis, avons-nous des frères?
T'ont-ils chargé pour nous de leur salut lointain?

Il y aurait d'autres noms encore parmi les femmes auteurs du XIXᵉ siècle.

Daniel Stern écrivit sur la critique, l'histoire, la philosophie; elle a fait même figure de moraliste, par un petit recueil de pensées qui ont de la valeur. Mais en ce genre d'écrits, comme on pense à La Bruyère et à Pascal, qui ont fait mieux, quand cela n'est que *bien*, cela disparaît. C'est exactement comme quand on veut faire des fables après La Fontaine.

Eugénie de Guérin ressemble bien peu à une

femme de lettres. Son Journal, sa Correspondance, n'étaient pas destinés à la publicité. Elle les écrivait uniquement pour son frère qu'elle adorait et qui mourut à vingt-neuf ans, au moment où son talent commençait à sortir de l'obscurité. On a publié les essais de Maurice de Guérin ; quelques critiques, y ont vu du génie ; je ne sais pas si on est encore de cet avis aujourd'hui, mais il avait certainement un talent très intéressant et qui promettait beaucoup. Sa mort fut la grande douleur de sa sœur. La vie d'Eugénie de Guérin fut très obscure, très simple, à la campagne, près d'Albi, dans un château qui était plutôt une demeure rustique. Cette vie, elle la remplit par la piété, la charité, les occupations ménagères. Seulement dans ces choses si humbles, elle mettait toute sa profondeur de sentiment et de pensée. Ce qu'on trouve dans ses écrits, c'est d'abord une simplicité parfaite et des peintures fraîches de la nature ou plutôt de la *campagne*, mot délicieux, meilleur que celui de *nature*, qui implique toujours quelque chose de littéraire. Eugénie de Guérin a aimé la campagne avec un vrai sens poétique, sans littérature. Elle avait aussi un sentiment religieux très profond et une affection passionnée pour son frère. C'est ce caractère de piété, de mélancolie tendre, qui fait que son *Journal* a eu tant de succès et est devenu un vrai ouvrage d'édification. C'est un livre qu'on donnait autrefois aux jeunes filles et aux jeunes femmes, et qui a eu en vingt ans quarante éditions. Combien d'âmes féminines — peu semblables à celles qui se jettent sur les romans risqués — ont fait leurs délices d'Eugénie de Guérin !

Voici une autre sœur dévouée à un frère qui a été aussi l'intérêt de toute sa vie : Henriette Renan. Je ne devrais pas peut-être m'approcher si près du temps présent, car Henriette Renan est presque notre contemporaine, mais je veux placer cette figure dans notre galerie féminine de portraits. Henriette Renan n'a pas brillé d'un grand éclat extérieur, il n'y a pas eu de réclame autour de son nom ; mais c'est une âme ferme. droite, un esprit sérieux, solide, viril même, une intelligence d'une rare culture ; elle est bien la sœur de Renan. Elle a joué dans la vie de son frère un rôle important ; plus âgée que lui, elle lui donna dans sa carrière un appui à la fois matériel et moral. Comme la famille manquait de ressources, elle avait accepté courageusement de partir pour faire une éducation en Pologne, institutrice à domicile, très loin de son pays, dans une région qui ne ressemblait guère à la France et dans un milieu très différent aussi. C'est ainsi qu'elle put subvenir aux besoins de son frère. Elle lui écrivait alors des lettres qu'on a publiées, pleines de tendresse, de droiture et de raison. Elle avait une grande influence sur lui, et c'est elle qui le décida à renoncer à l'état ecclésiastique vers lequel il s'était tourné, mais qui serait devenu bien dangereux pour lui, car à ce moment il avait déjà perdu la foi. Il hésitait, parce que sa carrière étant commencée, tout lui était ouvert dans cette direction. Changer, c'était se lancer sans ressources dans les hasards de l'inconnu. Rien de plus intéressant que la correspondance du frère et de la sœur. La loyauté, la netteté d'esprit d'Henriette n'admettait pas que son frère pût s'engager dans un état aussi sérieux que la prêtrise sans avoir la foi. Elle voyait là un compromis qui lui répugnait. Renan n'était pas aussi ferme dans ses idées à ce moment ; il prétendait qu'on pouvait comprendre la religion de plusieurs manières ; il finit cependant par reconnaître qu'il n'avait pas les qualités nécessaires pour faire un prêtre, et il se résigna à suivre les conseils de sa sœur. Mais à ce moment il était tout à fait sans ressources ; il dut

donner des leçons, de misérables leçons de thèmes
et de versions à des petits élèves, pour gagner sa vie.
Henriette l'aida pécuniairement du produit de ce
qu'elle gagnait en Pologne.

Ses lettres sont vraiment admirables, soit celles
qu'elle écrit à son frère, soit celles qui figurent dans
la *Correspondance de Renan et de Berthelot*, un
des livres les plus intéressants qu'on puisse lire.
Renan étant en Orient, en mission, avait sa sœur
avec lui ; comme il n'était pas toujours très exact
correspondant pour écrire à son ami, de temps en
temps c'était Henriette qui écrivait à la place de son
frère, si bien que dans ce volume figurent plusieurs
lettres très intéressantes d'Henriette. Elles sont souvent mélancoliques, parce qu'elle sent qu'au fond
son frère n'a pas pour elle une affection aussi grande
que celle qu'elle lui porte. Malgré tout, elle est heureuse de l'avoir accompagné en Orient, et de jouir
avec lui des beaux paysages, dont elle a senti et si
bien rendu le charme. C'est dans ce voyage qu'elle
fut prise de la fièvre dont elle mourut. Son frère, en
échange de tout cet amour, lui a pourtant élevé un
monument ; je ne parle pas du tombeau qu'il a fait
construire en Orient, mais de ce petit livre qu'il lui
a consacré sous ce titre *Ma sœur Henriette*. Quelques pages seulement, mais il dit tout ce qu'il lui a
dû, il fait revivre toutes les qualités de ce rare
esprit et de ce cœur profond ; l'accent ému de ce
petit livre en fait une des meilleures choses que
Renan ait écrites.

Dans cette grande affection fraternelle le frère a
donné sans doute beaucoup moins que la sœur. C'est
le lieu ici peut-être de faire une réflexion. La femme
est triste quelquefois de voir que l'homme ne donne
pas, dans les affections domestiques, autant qu'elle
donne elle-même. Mais de la part de l'homme, n'est-
ce pas légitime ? L'homme a son œuvre à lui, il a

sa création, qui, pour employer un mot philosophique, devra être *objective*, et avoir une valeur propre en dehors de lui-même et de ses sentiments particuliers et familiaux. La femme peut s'absorber tout entière dans l'amour d'un seul être ; l'homme ne le peut pas. Il faut qu'à côté des affections individuelles il ait quelque objet plus universel et plus élevé. Les femmes sentent avant tout les besoins du cœur; voilà pourquoi Henriette Renan, malgré sa haute intelligence, a souffert de voir que son frère lui appartenait moins à mesure qu'il appartenait davantage à son œuvre.

Elle a eu d'ailleurs une petite jalousie d'une autre espèce. Renan, qui avait renoncé à la vocation ecclésiastique, s'était marié. Pour une sœur qui aime passionnément son frère, c'est une des plus grandes épreuves; elle était tout auparavant, elle ne vient plus maintenant qu'en second. Cependant Henriette Renan a été en termes excellents et très affectueux avec la femme de son frère qui paraît avoir été, elle aussi, une personne très distinguée ; mais évidemment elle a souffert, surtout au moment du mariage; Renan hésita même à se marier, par l'idée du chagrin que sa sœur en éprouverait.

Les lettres qu'Henriette écrit d'Orient ne marquent plus rien de cette jalousie, mais elle sent avec douleur que son frère, absorbé par ses recherches et ses travaux, lui appartient de moins en moins. Mais nous, tout en sympathisant avec la tristesse de ce cœur qui se sent blessé et qui souffre, il faut bien que nous accordions à l'homme le droit de mettre au-dessus des affections particulières l'œuvre intellectuelle à laquelle il dévoue sa vie.

Eugénie de Guérin, Mme Ackermann, Henriette Renan, voilà des femmes modernes qui ont certainement fait moins de bruit que Mme de Staël et George Sand. Qui sait pourtant si nous ne préférons

pas ces âmes plus silencieuses, plus secrètes? Elles
ont la tendresse, la constance ; leur cœur ardent est
en même temps fidèle. Elles ont connu cette espèce
d'éternité du sentiment fort, contre lequel rien ne
prévaut, et qui dure. Leur vie a été peut-être, en
réalité, plus intense et plus profonde. Mais elles ne
seront jamais goûtées de la foule, qui aime le bruit.

QUELQUES QUESTIONS NOUVELLES QUI SE POSENT

A PROPOS DES FEMMES

MESDAMES,

Mme Ackermann et Henriette Renan dont nous parlions la dernière fois n'appartiennent déjà plus au romantisme ; elles se rattachent à des courants intellectuels bien différents. Le romantisme, en effet, n'a pas duré ; par ce qu'il avait de désordonné et d'irrationnel, il était condamné à périr. Une des parties caduques du romantisme, c'était bien certainement ses idées sur l'amour et les femmes. J'en retiendrai deux ici.

D'abord le caractère lyrique, échevelé, de la passion, mise en dehors et au-dessus de toute règle, glorifiée, divinisée et en même temps, tragique, fatale, trainant après elle des meurtres et des suicides. A ce point de vue, le ton du romantisme, dans les œuvres de second ordre, (car dans les œuvres de premier ordre le génie trouve toujours moyen, malgré tout, de créer de belles choses) était tellement faux qu'aujourd'hui quand nous les lisons par curiosité, nous éclatons de rire. Nous ne voyons plus la vie sous cet aspect mélodramatique. Le pessimisme actuel est peut-être plus amer, mais moins bruyant.

En second lieu, nous avons vu que les romantiques faisaient une véritable apothéose de la femme. Rappelez-vous les paroles que les amoureux de Victor Hugo adressent aux personnes qu'ils aiment ; Hernani disant à Doña Sol :

> Oh ! je voudrais savoir, ange au ciel réservé,
> Où vous avez marché, pour baiser le pavé !

Cela non plus, n'a pas duré. Ceux qui ont succédé aux romantiques se sont avant tout piqués de réalisme ; or dans la réalité nous savons bien que les femmes ne sont des anges que très rarement.

Nous pouvons nous demander si Michelet, qui vit jusqu'en 1874, et par conséquent bien après le plein romantisme, n'est pas comme une espèce de romantique attardé, dans sa manière de considérer la femme. Il la regarde avec une espèce d'attendrissement, il la glorifie, et en même temps il la ménage ; il en a pitié. Il pense qu'elle est capable de miracles du cœur, mais il la regarde aussi comme une malade éternelle. Y a-t-il beaucoup de femmes qui seront flattées de se voir considérées comme des cas pathologiques perpétuels ? Ce serait vraiment fâcheux si une moitié de l'humanité était malade toute sa vie. S'il y a en effet des femmes qui sont languissantes et souffrantes toute leur vie, il y en a aussi de très solides et robustes. Sans cela, comment pourraient-elles suffire à ce rôle qu'elles sont parfois obligées de remplir et qui réclame tant de force de résistance ? Songez à la vie d'une ménagère dans les classes humbles de la société, dans une famille d'ouvriers, par exemple. La femme doit s'occuper de son mari, de ses enfants, sans aucune aide, car il n'y a pas de domestique ; songez à tout ce

qu'une telle femme est forcée de faire : veiller à tout
ce qui concerne la nourriture, la préparation de la
cuisine, le feu à allumer, le charbon à aller chercher ;
en dehors de la cuisine l'entretien du ménage, le net-
toyage de la maison, le lavage ; il faut s'occuper des
habits du mari et des enfants, les coudre, les raccom-
moder ; voilà la vie d'une femme du peuple ; c'est un
travail effrayant ; si elle y suffit, elle n'est certainement
pas cette malade languissante dont Michelet nous fait
le tableau poétique. Et ce n'est pas seulement parmi
les femmes du peuple que nous voyons les preuves
d'une solide santé. Songeons à la vie d'une mondaine
qui va de bal en fête et qui n'est jamais fatiguée, qui
au contraire ne se porte jamais mieux que lorsqu'elle
se surmène de cette façon. Il y a donc de nombreux
êtres féminins qui paraissent se porter aussi bien que
leurs confrères du sexe masculin. Malgré la poésie et
l'éloquence de Michelet, avouons qu'ici, comme en
bien d'autres endroits de son œuvre, son imagination
l'a amené à déformer sa vision, en donnant à certains
traits une importance excessive. Mais les vues de
Michelet sur les femmes sont toutes spéciales ; elles se
rattachent à un ensemble de théories sur la société et
sur la nature, et nous ne nous y arrêterons pas, du
moins pour le moment.

Disons seulement que depuis que le romantisme
a passé de mode, les questions féminines se sont
posées d'une manière plus pratique, non pas seulement
au théâtre et dans les romans, mais dans la société et
dans la vie.

Comment et pourquoi voyons-nous se poser ces
questions en France au XIX⁰ siècle ?

D'abord il faut noter le grand bouleversement politique et social de 1789 qui a eu pour effet de substituer le droit naturel au droit historique. Jusqu'à la
Révolution française toute la société politique et civile
reposait en somme sur des coutumes, et la situation

de la femme en particulier sortait tout naturellement
de ces sources que nous avons déjà indiquées : le
droit romain, quelques coutumes germaniques, le
christianisme. Mais le mouvement de 1789 a ébranlé
les fondements historiques ; on a prétendu reconstituer
entièrement la société sur des bases purement ration-
nelles ; on a voulu fonder le droit non plus sur la cons-
tatation des faits, de ce qui a été et de ce qui est, mais
sur une analyse toute logique de l'idée de l'homme.
Qu'est-ce qu'un homme ? se sont demandé les législateurs de 89. Ils ont cherché une définition de l'homme
et de cette définition ils ont tiré tout ce qui d'après
eux devait appartenir à un homme en vertu de cette
définition. Nous ne jugeons pas cette méthode
pour le moment, nous la constatons. Nous savons
qu'elle a encouru les critiques sévères de Taine, dans
son étude de la Révolution française. Mais par une
simple extension de la méthode, la question des droits
de la femme devait se trouver posée. Dès la première
année de la Révolution, Condorcet réclama les droits
des femmes ; il demandait qu'elles pussent faire les
mêmes études que les hommes pour pouvoir être leurs
compagnes en toutes choses. Une femme qui eut son
moment de célébrité, Olympe de Gouges, publia une
déclaration des droits de la femme. En effet, au point
de vue de la pure raison, comment pouvait se justifier
la subordination des femmes jusqu'alors ? Par la tradition ; on pouvait dire : « Cela s'est toujours fait
ainsi. » Mais l'argument perdait de sa valeur, puisque
justement on renversait les fondements historiques en
prétendant leur substituer des fondements logiques.
Restait donc seulement le principe rationnel posé par
les révolutionnaires de 89, au commencement de la
Déclaration des Droits de l'Homme : « Tous les hommes naissent libres et égaux en droits. » Il suffisait de
faire entrer dans cette déclaration la femme en disant
que par *homme* on entendait la *créature humaine*, et

à partir de ce moment les droits de la femme étaient reconnus. On ne voit pas en effet, comment, à moins d'un manque de logique, les constituants de 89 ont pu refuser à Condorcet de poser les droits de la femme au même titre que les droits de l'homme. Cela nous prouve que malgré toute la force de la logique, il y a dans la force de la réalité quelque chose qui empêche les hommes d'aller jusqu'au bout de leurs déductions géométriques.

En pressant un peu les principes de 1789, on en fait sortir l'égalité civile et politique des hommes et des femmes; mais il ne faut pas croire que les droits de la femme ne pouvaient pas sortir aussi d'un développement naturel du droit historique. Il suffit pour cela de songer à ce qui s'est passé en Angleterre, où les femmes ont conquis peu à peu certains droits réels, et même sont plus avancées à ce point de vue que leurs sœurs des pays latins. Cela s'est fait non par une déclaration posée dans l'abstrait, mais en tirant des institutions existantes tout ce qu'on pouvait en tirer.

Ce qui nous explique encore l'apparition de la question féminine au XIX⁰ siècle, ce sont des raisons économiques. Les conditions de la vie sont devenues telles que le travail féminin — non plus ces occupations ménagères déjà bien suffisantes pour remplir la vie d'une femme, mais un véritable travail professionnel — est devenu souvent obligatoire et a pris une grande extension; soit que la femme mariée gagne un salaire nécessssaire comme appoint dans les ressources du ménage, soit que la femme ne se marie pas et soit obligée de se créer à elle-même ses propres ressources, de gagner sa vie, et quelquefois d'aider d'autres personnes qui ne subsisteraient pas sans son aide : vieux parents ou frères et sœurs plus jeunes. Car combien y a-t-il de ces femmes dans la société contemporaine qui ne gagnent pas seulement leur propre vie, mais qui soutiennent encore d'autres vies autour de la leur ! Il y a donc des femmes qui travaillent par la force des choses ; il y a les *ouvrières*. Sur ce mot Michelet a fait une de ses belles déclamations : « L'*ouvrière*, s'écrie-t-il, mot impie, sordide, qu'aucune langue n'eut jamais, qu'aucun temps n'aurait compris avant cet âge de fer, et qui contrebalancerait à lui seul tous nos prétendus progrès ! »

Voilà un exemple de ces moments où Michelet se laisse entraîner par son imagination. Le mot *ouvrière* est peut-être de notre temps, mais la chose a existé au moyen âge ; il y avait alors des femmes qui étaient obligées de subvenir à leurs besoins ou d'aider aux ressources de la famille ; il y a eu de véritables ateliers sur les domaines seigneuriaux, les couvents eux-mêmes comportaient souvent des ateliers ; bien plus, on sait que les femmes n'étaient pas exclues des corporations ouvrières ; par conséquent, l'indignation de Michelet devrait s'adresser à tous les temps. Toujours il y a eu des femmes pauvres obligées de se suffire à elles-mêmes ; toujours les jeunes filles pauvres qu'on n'épousait pas ont dû travailler pour ne pas mourir de faim ; toujours il y a eu des mères de famille forcées de travailler pour apporter un appoint au salaire de l'homme, insuffisant pour une famille nombreuse, dans les centres où la vie est chère.

Toutes ces questions se posent plus en Europe qu'en Orient, car la femme y est plus libre, et ce sont là les charges de la liberté ; la femme libre est responsable et chargée de sa propre vie ; personne ne la domine, mais personne ne la protège. Une voyageuse célèbre, Mme Dieulafoy, raconte que lorsqu'elle peignait aux dames orientales la vie des femmes d'Occident, ces dames en étaient tout effarouchées et préféraient de beaucoup leur propre

vie. En effet, il ne faut pas s'imaginer que cette existence libre des femmes d'Occident soit toujours douce
et facile. La vie quelquefois pour une femme euro-
péenne qui demeure dans une grande ville, qui n'est
pas riche ou même qui est pauvre, est lourde à
supporter. Peut-être même parmi les plus féministes
d'entre elles quelques-unes, à certains moments —
car parfois on a peine à se tirer d'affaire et la
société écrase la femme, qui est bien peu de chose
— préféreraient abdiquer cette liberté entourée de
tant de charges et trouver tout simplement un mari
qui les soutiendrait et à qui sans doute elles devraient quelque obéissance ; mais elles sauraient si
bien arranger les choses que parfois le mari leur
obéirait aussi.

En troisième lieu, ce qui fait, particulièrement en
France, que les questions féminines se sont posées
davantage au XIXᵉ siècle et que les femmes se sont
mises à réclamer leurs droits, c'est que la société
française est aujourd'hui beaucoup moins religieuse
qu'elle n'était autrefois, beaucoup moins subordonnée
aux principes du christianisme. Il y a en France,
nombre de libres penseurs et de gens qui se piquent
d'être *laïques*. Le christianisme proclamait que la
femme doit obéissance à l'homme : telle est la con-
ception du mariage chrétien. (Sans doute, le christianisme conseille bien à l'homme de ne pas abuser
de ses pouvoirs ; il l'engage à donner à la femme
amour et protection). D'autre part le christianisme
prêche comme vertus propres aux femmes, des vertus
qui n'ont pas grands rapports avec le féminisme : la
soumission, la modestie, la réserve ; il est plutôt
hostile à ce développement de féminisme qui pousse
la femme au dehors, qui l'excite à s'affirmer, à
paraître, à faire parler d'elle. Telle a été en général
la manière de voir du christianisme. Aussi en France,
les plus ardents féministes ne se sont guère recrutés

parmi les catholiques fervents. Non que le catholicisme se soit désintéressé des questions féminines ; loin de là ; il suffit de citer quantité d'œuvres philanthropiques et sociales auxquelles le catholicisme a attaché son nom ; mais il prend les choses à un autre point de vue ; il ne considère pas dans les femmes le droit abstrait ; surtout il réprouve tout ce qui pourrait détruire ou transformer la famille conçue à la manière chrétienne, et cela se conçoit.

C'est donc plutôt du côté qu'on appelle en France « laïque » qu'on trouvera les revendications les plus radicales du féminisme. On a été de ce côté beaucoup plus loin, même quelquefois très loin.

Ajoutons qu'au XIXe siècle, en dehors de toute religion, il y a eu une morale qui s'est généralisée et qui a envahi à une certaine époque l'enseignement officiel ; c'est la morale kantienne. Kant est un grand philosophe allemand qui, à la fin du XVIIIe siècle, a conçu une morale nouvelle avec une force extraordinaire de pensée, une rare profondeur d'analyse et une extrême rigueur de déduction, et cette morale, c'est la morale du devoir. Mais sur quoi est fondé ce devoir ? Sur une notion spéciale de la *personne morale*. La personne morale, qu'est-ce que c'est ? Dépend-elle de l'individu ? Non. Elle a quelque chose d'abstrait, si on peut dire ; une créature humaine, par cela seul qu'elle est une créature humaine, est une personne morale. La valeur de la personne morale est infinie, tellement infinie, qu'il ne faut jamais se servir d'une personne humaine comme un moyen d'arriver à autre chose ; il faut la traiter comme une *fin* ; il faut la prendre en elle-même. La personne morale est-elle masculine ? Pas du tout. Il suffit d'être une créature humaine pour être une personne morale. Toutes les personnes morales ayant une valeur infinie comment peut-on concevoir une inégalité entre les personnes morales ?

Kant, il est vrai, n'a jamais fait de féminisme, cependant il a dit : « Je ne voudrais pour rien au monde avoir dit ce qu'a dit Rousseau, qu'une femme n'est jamais qu'un grand enfant. » En effet, de même que de la Déclaration des Droits de l'Homme on peut faire sortir les droits de la femme, de même de la théorie de Kant sur la personne morale on peut faire sortir l'égalité de tous les êtres humains, qui sont tous des personnes morales. Si la personne morale est inviolable et intangible quand il s'agit de l'homme, elle l'est aussi quand il s'agit de la femme ; et si on ne peut pas se servir de l'homme comme d'un moyen, on ne peut pas davantage se servir de la femme comme d'un moyen d'arriver, par exemple, à rendre l'homme heureux.

Enfin de nos jours, les femmes sont de plus en plus instruites (je parle toujours de l'Europe) ; leurs idées se sont élargies, elles réfléchissent, elles comparent ; l'histoire leur montre l'évolution des droits des hommes, et elles en concluent avec quelque logique que leurs droits pourraient passer par les mêmes degrés ; des paysans qui ont maintenant le droit de suffrage ne l'avaient pas autrefois ; ils ne pouvaient pas concourir à la formation de la puissance publique. La femme en conclut que, de même que le serf n'avait autrefois rien à dire dans la société et dans l'Etat, et qu'il est arrivé à posséder son bulletin de vote, la même chose pourrait arriver pour elle. Non seulement elle réfléchit, mais elle expérimente. Il y a des existences de femmes qui sont absolument pareilles à des existences d'hommes : elles gagnent leur vie par elles-mêmes, elles ont un logement dont elles payent elles-mêmes le loyer ; elles paient les impôts comme les hommes ; elles contribuent par conséquent, par le budget de l'État, à payer, à organiser toute la puissance publique. Et avec cela elles n'ont pas le droit de dire un mot sur les intérêts auxquels elles participent, sur les

affaires d'un Etat dont le bon ou le mauvais fonction-
nement a sa répercussion sur leur propre vie.

Il est légitime que la question féminine se pose ; il
est légitime que les femmes, se trouvant dans certains
cas lésées ou accablées, veuillent arriver à un état
social meilleur. Ce n'est pas parce quelques féministes, surtout parmi les femmes, se sont couverts de ridicule qu'il faut refuser d'emblée de poser le problème.
Seulement de quelle façon convient-il de le poser ?
Sera-ce dans l'abstrait, à la façon dont les hommes de
1789 ont posé le problème politique ? Je ne le crois
pas. Dans cette méthode, on cherche d'abord un
axiome indiscutable d'où on déduit tout le reste; ce
qui importe alors, c'est de choisir cet axiome, de bien
l'établir ; or en ces matières aucun axiome ne peut
être accepté que si on ne le regarde pas de trop près
et si on lui laisse une signification vague et vide; car
dès qu'on essaie d'analyser son contenu, cela devient
moins simple. Soit cet axiome : « Tous les hommes
sont libres et égaux en droits. » Supposons qu'on y
fasse entrer la femme ; nous dirons : « Toutes les
créatures humaines sont libres et égales en droits. »
Si nous nous contentons de proclamer cette vérité en
l'air, sans trop la creuser, sans lui donner beaucoup
de sens, comme on fait souvent dans les articles de
journaux, il n'y a rien à dire ; mais dès que nous
cherchons à analyser le contenu d'une pareille procla-
mation de principes, nous retombons aussitôt dans
les difficultés. Qu'est-ce que c'est que cette égalité des
êtres, qui en venant au monde « naissent tous égaux »?
En quoi consiste cette égalité ? Il faudrait montrer en
quoi la femme est l'égale de l'homme. Il faudrait discuter tout ce qu'on a dit de l'inégalité de la femme et
de l'homme. Partir d'un pareil axiome sans l'avoir
discuté, c'est une méthode peu admissible; si nous
discutons, nous sommes ramenés à une analyse de
la réalité.

C'est donc des faits, de l'expérience, qu'il faut partir ; cela ne veut pas dire qu'il faille accepter sans aucune discussion tout ce qui existe actuellement, mais cela veut dire qu'il faut partir de ce qui a été et de ce qui est afin de déterminer ce qui pourrait en sortir. Cette méthode est beaucoup plus longue, plus laborieuse que la première. Il est facile de proclamer un principe abstrait, mais c'est un tout autre travail que celui qui consiste à établir ce qu'est la réalité ; cela ne plait pas à ceux qui veulent conclure tout de suite. Ceux-là n'hésitent pas à donner la solution d'un problème dont ils n'ont pas toutes les données. Ils ne connaissent pas la souffrance d'un esprit juste qui s'aperçoit que dans son équation il a fait figurer comme connues des quantités qui ne sont pas mesurées, ni peut-être même mesurables.

Il est vrai que cela parait bien pénible d'avoir à se livrer à de longues recherches : recueillir une collection de faits, dresser des statistiques, quel travail ingrat ! et que de mal pour en arriver à quoi ? à se permettre une toute petite affirmation, et quelquefois encore approximative !

C'est pourtant ainsi qu'on procède dans les enquêtes entreprises depuis quelques années sur toutes les questions concernant les femmes, par exemple, sur la situation des ouvrières : on recherche les conditions de travail, le salaire, le rapport du salaire avec le prix de la vie dans les centres où vivent les ouvrières dont on s'occupe, le budget d'une ouvrière, et on recueille tous ces renseignements jusque dans les plus infimes détails ; quelquefois c'est un long et fastidieux travail, mais il va sans dire que ceux qui ont fait ce travail peuvent parler ; on les écoutera parce qu'ils savent de quoi ils parlent.

On peut relever diverses tendances parmi ceux qui s'occupent aujourd'hui de féminisme. Les uns demandent une amélioration du sort de la femme, parce qu'ils sont avant tout émus de pitié par sa misère. De ce côté, les enquêtes ont révélé des faits navrants, surtout en ce qui concerne le travail de l'aiguille. Quand on pense que ce travail accablant qui dure des heures et des heures sans trêve ni repos, occupant la plus grande partie de la journée, ne donne qu'un misérable salaire qui permet à peine de ne pas mourir de faim, bien loin de rendre possibles les réserves d'argent pour les jours de chômage; quand on voit la situation de certaines ouvrières d'usines, quand on touche les choses de près, on est saisi de pitié et quelquefois d'horreur; de même, quand on songe à ce qui arrive aux femmes vivant de leur travail au moment où elles sont obligées par force de le suspendre parce qu'elles vont être mères et qu'alors le travail est arrêté et le salaire n'est pas touché; cependant c'est le moment où elles auraient le plus besoin de salaire. Et la condition des femmes qui ont de petits enfants et qui sont obligées d'aller à l'atelier, car il faut gagner le salaire pour nourrir ces enfants ! Qui s'occupe de ces bébés pendant que la mère est à l'atelier? Ils sont remis à quelque voisine, quelquefois même ils courent les rues. Tous ces faits, qui sont d'autant plus poignants qu'on les regarde de plus près et qu'on a sous les yeux les enquêtes, frappent les âmes généreuses. Ce qu'on voudrait obtenir avant tout, c'est la réduction des heures de travail, c'est l'organisation des conditions hygiéniques du travail, c'est la suppression des veillées, c'est l'augmentation du salaire, etc. Voilà les choses que ces âmes généreuses demanderont à la loi; en même temps, ce qu'elles demandent aux particuliers, c'est de former des œuvres d'assistance qui fournissent des dons directement ou indirectement, comme les sociétés d'assistance par le travail, l'œuvre des logements pour les ouvrières ou les femmes isolées, les œuvres de protection de la jeune fille, etc. En somme, tout cela répond à un principe de charité, de fraternité, à une pitié active pour la misère d'autrui ; il n'est pas étonnant que ce soit là surtout que nous trouvions la collaboration religieuse, en particulier c'est là que le catholicisme social a porté le plus son action et qu'il a fait beaucoup de bien.

Mais il y a aussi ceux qui dans les questions féminines envisagent non seulement le bonheur des femmes, mais aussi leurs droits et qui veulent leur assurer dans la société le rôle que, d'après eux, la justice leur assigne. Ils ne refusent pas de collaborer aux œuvres d'assistance, de charité, mais ce n'est pas le principe de leur action. Avant tout, ils revendiquent pour la femme ce qui, d'après eux, doit lui appartenir et dont elle a été privée jusqu'à présent, tout simplement par la force. Ces revendications, ils les produisent dans deux domaines : dans la famille, où la femme, jusqu'à présent, a été subordonnée à l'homme, et dans la société où elle est encore traitée comme mineure et incapable, d'abord au point de vue du droit civil, quand elle est en puissance de mari, et ensuite au point de vue du droit politique où elle est mineure et incapable toute sa vie. Sur tous ces points-là, c'est la loi qu'on veut changer ; sur d'autres points, ce sont les mœurs tout autant que la loi, quand on réclame, par exemple, pour la femme le droit de déployer son activité dans toutes les sphères où l'homme déploie la sienne, d'exercer les mêmes professions, d'avoir accès aux mêmes emplois, de faire les mêmes études.

Tout cela est très nettement distinct de l'œuvre de pitié et d'assistance que j'indiquais tout à l'heure ; mais dans ce second groupe de gens qui travaillent en faveur des femmes, il faut distinguer deux catégories : les modérés et les radicaux.

J'appellerai *modérés* ceux qui, tout en réclamant

comme dus aux femmes certains droits qui jusqu'à présent ne leur ont pas été accordés, ne perdent cependant pas de vue leur rôle naturel dans la société, leur vocation normale, peut-être aussi certaines incapacités naturelles. Personne certainement ne se refusera à reconnaître le progrès réalisé par une loi récente qui a décidé en France que la femme aurait la libre disposition de son salaire personnel. Songez que jusque là, lorsque une femme mariée gagnait un salaire par son propre travail, elle n'en avait pas la propriété. Voilà une femme mariée à un homme qui aime trop le cabaret; l'homme dépense tout son salaire; quand il a tout dépensé il voudrait bien avoir encore de l'argent; la femme a gagné de son côté un salaire qu'elle réserve pour ses enfants; eh bien, l'homme avait le droit de le saisir et de s'en servir pour lui-même et d'aller le boire au cabaret. La loi nouvelle doit donc être considérée par tout le monde comme un progrès; c'est là une œuvre du bon féminisme. On l'a menée à fin par une excellente méthode : saisir d'abord l'opinion publique, créer autour de l'idée nouvelle une atmosphère de sympathie, et à ce moment, agir dans le domaine législatif; par quelques amis au Parlement on fait proposer la chose, et comme le terrain est déjà tout prêt, c'est l'affaire d'une séance. Au nombre des progrès du bon féminisme, citons aussi l'accès des hautes études ouvert aux femmes. Ce sera au résultat à prononcer ici et à faire la sélection naturelle. Jusqu'à présent, malgré les grandes facilités données aux femmes, elles ne sont pas arrivées à égaler les hommes dans ce genre de travail; elles y arriveront peut-être plus tard, bien que, pour mon compte, je ne le croie pas, mais c'est de l'expérience que nous devons attendre la réponse; nous ne demanderons pas mieux, le cas échéant, que de reconnaître que les féministes avaient raison. Mais ce que tout le monde doit trouver légitime, c'est que les voies soient ouvertes aux femmes ; c'est à elles maintenant à faire leurs preuves.

J'appellerai *radicaux* ceux qui proclament d'emblée l'égalité absolue de l'homme et de la femme et l'identité de leur rôle social sans tenir compte des différences naturelles. C'est généralement à ceux-là qu'on donne le nom de *féministes* et de là est venu le discrédit qui pèse sur ce mot ; quand on dit d'une femme : « C'est une féministe », ce n'est pas un compliment qu'on prétend lui faire. Pourquoi? Uniquement parce que la fraction exaltée du parti a présenté ses idées sous une forme extravagante et que le ridicule en a rejailli sur le féminisme tout entier. Pour mon compte, quoique j'approuve complétement un grand nombre des mesures prises en faveur des femmes, par exemple cette loi qui lui laisse la disposition de son salaire, quoique je trouve surtout très heureux l'accès ouvert aux femmes du côté des études (c'est à mon avis la conquête la plus précieuse), je ne voudrais jamais me dire *féministe*, car j'aurais trop peur d'être confondue avec l'extrême gauche du parti.

Certains féministes, à force de vouloir libérer la femme de la tyrannie du lien conjugal, en viennent jusqu'à préconiser l'union libre. D'autres, encore plus hardis, vont jusqu'à dire qu'il faudrait permettre à la femme avant le mariage quelques expériences qu'une morale un peu facile admet chez les hommes. Sous prétexte d'affranchir les femmes, on les fait tomber dans la boue. A cette sorte d'affranchissement, je préférerais même l'esclavage, car il n'enchaîne que la liberté physique, et rien n'empêche un esclave de conserver une âme haute et libre.

En somme, rien ne fait plus de tort au féminisme que les théories hasardées de certains féministes. Pour ne pas se laisser rebuter par eux il faut un véritable courage, un véritable amour de la vérité. Nous tâcherons, quand nous étudierons de plus près le féminisme, de ne pas nous laisser influencer par ces impressions défavorables et d'examiner les choses en toute liberté d'esprit.

———

VINGT-NEUVIÈME CONFÉRENCE

4 AVRIL 1910

LES NOUVELLES IDÉES & LES NOUVELLES INSTITUTIONS

Mesdames,

Nous avons vu depuis nos premières conférences les lois et les mœurs se développer et passer par des états successifs en Occident. Le christianisme a changé tous les principes de la famille antique ; sans avoir fait appel à la révolte, il a apporté pour la femme, comme pour le serf et le pauvre, des germes d'émancipation. Le mouvement de 1789 en France a eu un peu le même sens, avec cette différence qu'il ne proclamait pas les principes dans le pur domaine de la conscience et de la vie intérieure, mais qu'il prétendait leur donner une application dans l'ordre social. C'est ainsi que le mouvement de 1789 a changé radicalement en France l'ancienne famille. On ne saurait trop faire ressortir ce fait : la famille comme un *tout* vivant, comme une personne morale collective, a véritablement cessé en principe d'exister à partir des nouvelles lois du Code civil français. Je dis *en principe*, parce qu'il y a toujours dans les états nouveaux des restes de l'état ancien. Si radicaux que soient les gens qui prétendent changer tout, malgré eux, ils restent solidaires du passé, et là où ils se croient le plus révolutionnaires, ils sont quelquefois de simples continuateurs. En fait, la famille n'a pas été transformée aussi radicalement qu'il le semblerait ; mais en droit, plus on essaie de définir l'esprit des législateurs de 1789, plus on y voit le désir de libérer l'individu des différents organismes sociaux dans lesquels il se trouvait engagé, et pour cela de briser ces organismes. A l'époque de la Révolution française, on voit l'individu se dresser devant le corps social et lui faire son procès. C'est ici un moment de l'éternel conflit entre l'individu et la société, qui produit dans l'histoire un mouvement alternatif d'allée et de venue, une oscillation. Je vois une de ces grandes oscillations lors de l'apparition du christianisme dans la cité antique. La famille et la cité avaient alors leurs cadres ; à l'époque du plein développement de cet état social, l'individu était subordonné à la famille, et la famille à l'Etat. Rappelons-nous ce que nous avons dit de la puissance paternelle, et de la puissance maritale dans l'ancienne famille romaine. Songeons à ce que pouvait être, à l'époque où la république romaine était dans sa force, le pouvoir d'un censeur ! Nous ne l'accepterions certainement pas aujourd'hui ; ce magistrat avait le droit de s'immiscer dans la vie privée des citoyens et de les morigéner sur leurs fautes morales. Rappelons-nous le procès de Socrate et sa condamnation pour avoir mis sa conscience personnelle en opposition avec les vues générales de la cité ; il est brisé dans ce conflit, il meurt. Mais vient un moment où ces organismes sociaux, tout en continuant à vivre, ne tirent plus leur existence que de la force de la coutume, ayant cessé entièrement de répondre aux conceptions nouvelles de l'élite qui pense. Pendant quelque temps, pendant très longtemps parfois, la machine continue à fonctionner en vertu de la vitesse acquise, quoiqu'il n'y ait plus d'impulsion vivante actuelle, et cet état de choses est supporté à peu près par tout le monde. La masse vit dans ces formes sociales par routine, et parce qu'en ces matières il lui appartient plutôt de subir ce qui est que de fonder ce qui doit être. L'élite aussi continue à vivre dans ces formes sociales, mais en les jugeant.

Il est très facile à certains penseurs d'avoir cette dernière attitude, en apparence contradictoire. Et comment ? Tout simplement parce qu'ils disent, implicitement ou explicitement : « Mon royaume n'est pas de ce monde. » Leur vie se développe dans un domaine qui les met à l'abri de ce qu'il peut y avoir de gênant dans les formes sociales. Socrate n'avait aucun besoin de changer les lois d'Athènes, parce que les lois civiles ne sont pas du même ordre que les lois de la conscience. Epictète n'éprouvait pas le besoin de faire abolir l'esclavage, parce qu'il avait placé sa liberté intérieure à une hauteur où l'esclavage ne pouvait rien sur elle. Pascal pouvait foudroyer de son mépris les distinctions sociales qui donnaient la primauté à l'aristocratie au xviie siècle, et ensuite les laisser subsister, dédaigneusement. Spinoza, ce grand philosophe, victime de l'intolérance, n'a pas soulevé de révolutions pour fonder la tolérance, parce qu'ayant trouvé Dieu, il jouissait dès ce monde de la vie éternelle ; qu'avait-il besoin d'autre chose ? Renan, tout en jugeant sévèrement la démocratie — (il est curieux que Renan ait été glorifié par la démocratie ; c'est simplement parce qu'on lui a prêté des sentiments d'anticléricalisme, à tort d'ailleurs ; mais c'est peut-être lui qui a dit à la démocratie les vérités les plus amères), — Renan n'aurait jamais songé à fomenter une révolution antidémocratique, car ses études philosophiques et historiques étaient de l'ordre de la connaissance pure, indépendante du régime politique et social. Qu'est-ce qui pouvait lui arriver? D'être destitué de sa chaire au Collége de France? La chose s'était déjà faite sous l'Empire, et il avait continué à vivre très tranquillement.

Remarquons en passant que ces sortes d'esprits qui se mettent si haut au-dessus de l'état social et qui ne jugent pas nécessaire de le changer, ne sont pas en général très sympathiques à la foule; on leur reproche de « se retirer dans leur tour d'ivoire », de ne pas se jeter dans la mêlée pour souffrir de la souffrance de leurs frères et essayer de la soulager. Reste à savoir si ces tours d'ivoire ne sont pas les plus hauts sommets de l'humanité. C'est une manière de vaincre la tempête que de s'élever au-dessus d'elle.

Ainsi donc il y a des raisons pour que les organismes sociaux vieillis continuent à vivre, soutenus par la force d'inertie de la masse et par l'indifférence de l'élite.

Quelquefois l'élite n'est pas indifférente. mais seulement prudente. Elle croit qu'il faudra changer les choses, mais que le moment n'est pas venu. Elle se défie de la masse, ce grand être collectif mystérieux, sur lequel il est impossible de faire des pronostics sûrs. La nouveauté qu'il s'agit de réaliser répond-t-elle, ne répond-t-elle pas, à l'instinct de cette foule? Comment peut-on lui arracher son secret? la plupart du temps elle ne le sait pas elle-même. L'événement peut-être déconcertera toutes les prévisions; qui sera assez hardi pour risquer la tentative?

Mais à mesure que le temps passe, il se forme peu à peu dans l'humanité une conscience nouvelle. De plus en plus augmente le nombre des individus qui. avec leur manière présente de voir et de penser, avec le caractère présent de la vie de leur âme, sentent peser sur eux le vieil organisme social; ils sont gênés, entravés; ils voient sans cesse devant eux se dresser des barrières. Autrefois, ces barrières n'excitaient pas l'indignation, parce qu'on les jugeait légitimes. Maintenant on n'en comprend plus le sens. Il y a alors une époque de transition pénible, de malaise. La conscience est troublée, parce qu'on se demande si la raison qui nous fait nous dresser contre les lois du passé est bien en effet une vue nouvelle de la vérité, proclamée par l'esprit, ou si ce n'est pas un intérêt personnel, une passion égoïste. Actuellement en Occident, on traverse une période semblable, et peut-être aussi en Orient. Le doute alors saisit précisément les esprits les plus scrupuleux. Combien d'âmes très nobles ont continué à souffrir et à se sacrifier en silence pour un idéal auquel depuis longtemps elles avaient cessé de croire !

Enfin arrive un jour où les besoins nouveaux de l'âme humaine trouvent une voix. Un jour, des caractères forts, mis dans l'alternative de sacrifier leur foi intérieure ou de nier l'ordre social présent, choisissent résolument ; ils osent juger les lois ; c'est une espèce de nécessité intérieure qui s'impose à eux. Rappelez-vous la parole d'Antigone à Créon ; elle ne peut pas ne pas la prononcer : « Oui, j'ai violé la loi. » Il y a des moments où certains caractères sont obligés de prononcer ces mots ; ils osent alors se préférer eux-mêmes, du moins en apparence, à cette société dont les lois ne correspondent plus à leurs lois morales intérieures ; ils osent en présence de ce monde qui peut-être ne vit plus que des reflets de l'ancienne vérité, se poser eux-mêmes comme les flambeaux d'une nouvelle lumière. Ils sentent en eux, dans ces moments dramatiques, une force mystérieuse si profonde qu'ils peuvent croire sincèrement que c'est Dieu lui-même qui parle en eux. Et ils prononcent la parole révolutionnaire qui fera crouler l'édifice vermoulu.

Il y a ainsi des personnalités qui apparaissent dans l'histoire du monde et changent tout un ordre, uni-

quement parce que la force de leur âme ne peut plus
vivre dans le cadre qui a été jusqu'à eux le cadre de
la vie humaine. Voyez, par exemple, Mahomet : c'est
l'apparition d'un individualisme très fort, qui nie ce
qui a été admis avant lui et ose proclamer une vision
nouvelle. Et de même c'est ainsi que le christianisme
a été dans l'ordre social gréco-romain (si je puis
employer une expression si moderne), comme une car-
touche de dynamite. Jésus ne prêchait pas la révolte, il
n'armait personne, il disait : « Remettez le glaive dans
le fourreau » ; seulement il remplissait les cœurs
d'une foi profonde en des principes qui étaient en contradiction radicale avec tout ce qui faisait la vie familiale et sociale du monde antique ; une foi si forte
que les âmes qui en étaient pénétrées, dans les
moments où il fallut choisir entre les lois alors régnantes et leur conscience intime, acceptèrent hardiment
de désobéir aux lois, et se justifièrent par la parole
éternellement libératrice : « Il vaut mieux obéir à
Dieu qu'aux hommes. »

Et le mouvement commencé par quelques indivi-
dualités fortes, chez qui la vie intérieure était particulièrement intense et profonde, se continua pendant des
siècles, et brisa les anciens cadres de la société et de
la famille. Peu à peu la législation en subit le contre
coup. A l'époque de Justinien, nous voyons l'enfant
rattaché juridiquement à la famille de sa mère, tandis
que, quand l'ancien ordre romain était dans sa force,
la famille ne consistait que dans la parenté masculine.
Ainsi éclatait, sous la pression des idées nouvelles, le
vieux moule familial de l'antiquité. Et ainsi une place
et une dignité nouvelles étaient accordées à la femme.
Alors tomba la vieille religion du foyer, dont la disparition aurait autrefois scandalisé des âmes très généreuses et très hautes.

Un phénomène analogue se produit lors de la Révolution française. Là aussi c'étaient des formes sociales

vieillies restées debout, quoique depuis longtemps elles ne fussent plus l'expression des véritables idées des hommes. Enfin des paroles hardies furent prononcées qui révélèrent à beaucoup de gens qu'ils ne croyaient plus aux principes sociaux qui les régissaient encore. Ces paroles revêtaient des formes diverses : soit un traité dogmatique comme le *Contrat social* de Rousseau, soit des épigrammes, des satires légères et ironiques comme celles de Voltaire, soit les réflexions profondes de Montesquieu sur la politique et les lois ; mais quelle que fût leur forme, elles aboutissaient au même effet.

Quelquefois un homme qui a vécu pendant des années une certaine vie est saisi de dégoût, se condamne lui-même et prend la résolution de se transformer entièrement. Telle fut la tentative de la France en 1789. Elle condamna son passé et voulut mettre en pratique l'ancienne parole : « Renouvelle-toi toi-même ! » L'idée qu'un peuple puisse se renouveler entièrement et rompre ses liens avec son propre passé est fausse et la France devait souffrir de cette erreur. Ce n'en est pas moins un beau mouvement que celui de l'âme qui, possédée d'une foi nouvelle, reconnaît que sa vie n'est pas conforme à sa foi et qui, au lieu de faire taire sa foi pour conserver les formes commodes de la vie coutumière, prend le parti de changer sa vie pour la mettre en harmonie avec sa foi. Nous admirons cette résolution dans un individu ; dans une nation, elle a encore plus de grandeur.

Dans ce mouvement qui n'épargnait rien, car il se faisait au nom d'un *credo*, l'organisme familial fut brisé comme le reste. Et comment? Par la nouvelle loi sur l'héritage. D'une part, cette loi était favorable aux femmes parce qu'elle les appelait à hériter au même titre que les hommes ; d'autre part, elle faisait prédominer dans la famille l'intérêt des individus sur l'intérêt du groupe ; elle amenait ainsi forcément un développement dans le sens de l'individualisme, un émiettement du groupe, et ceci encore devait avoir pour la femme des conséquences indirectes.

Il ne faudrait pas croire pourtant qu'avant 1789 la famille française formât partout, dans tous les cas, un bloc indivisible avec un patrimoine familial inaliénable transmis de père en fils par ordre de primogéniture ; et il ne faudrait pas croire non plus qu'au lendemain de 1789, la famille française a été radicalement morcelée de telle sorte qu'il n'y eût plus trace de l'ancien groupe vivant, remplacé par une simple collection d'individus.

Avant 1789, c'était surtout dans les successions nobles que le droit d'aînesse et le privilége de masculinité s'exerçaient. Encore ne faudrait-il pas croire que la totalité de l'héritage fût dévolue au fils aîné ; cet aîné était seulement fortement privilégié ; il gardait surtout ce qui était considéré plus particulièrement comme le domaine de la famille, tel château, telles terres. Cela n'en constituait pas moins de très grands avantages. Dans le roman de Mme de La Fayette, la *Princesse de Clèves*, M. de Clèves, au moment où il recherche en mariage Mlle de Chartres, craint de ne pas être agréé parce qu'il n'est pas *l'aîné de sa maison*. Et pour ce qui est du privilége des mâles, rappelons que M. et Mme de Grignan, pour assurer à leur fils une fortune suffisante, n'hésitaient pas à sacrifier totalement une de leurs filles ; on la mit au couvent, la petite Marie-Blanche, qu'elle le voulût ou non ; elle y était destinée.

En dehors des familles nobles, on peut constater dans de très nombreuses coutumes de *pays* de France un privilége en faveur de l'aîné. Quand il n'y a pas de fils, la fille aînée a, elle aussi, un privilége. Mais s'il y a un fils, quand même celui-ci a une sœur aînée, le privilége d'aînesse n'est pas pour elle, mais pour le fils. Souvent aussi, dans ces mêmes coutumes, les fils, aînés et cadets, sont avantagés au détriment des filles.

On conçoit d'ailleurs que les maisons roturières, à mesure qu'elles acquéraient notoriété et importance, eussent tendance à suivre l'ordre de succession en usage dans les familles aristocratiques.

L'origine du droit d'aînesse, nous la connaissons ; il vient de la féodalité, de l'institution du fief ; nous avons indiqué la question en son temps, mais il nous reste à dire quels en étaient les effets. Ils s'expliquent par la liaison qu'il y a entre la propriété et la famille.

Avec le droit d'ainesse, il y avait un patrimoine de famille qui, de génération en génération, restait attaché à la race. Le foyer domestique n'était pas un logis quelconque installé dans une ville de hasard ; c'était la terre où les ancêtres avaient vécu, où devaient vivre les descendants. Les paysages même qui entouraient la maison familiale étaient des paysages ancestraux, que le père avait toujours vus, et que les descendants devaient voir aussi. Les souvenirs des générations s'accumulaient dans ces vieilles demeures. Tel ancêtre avait construit cela, tel autre avait arrangé ou installé ceci. La maison, les chambres, le mobilier gardaient en eux quelque chose des disparus. Il y avait là de vieux portraits, chefs-d'œuvre des artistes des divers âges s'il s'agit d'une maison de grande noblesse, humbles toiles peu artistiques, mais souvenirs cependant, s'il s'agit de familles plus modestes. Qui n'a vu, dans de vieilles maisons, ces anciens portraits, un peu ridicules quelquefois par la gaucherie de l'artiste, mais qui ont quelque chose de touchant comme témoignages de la vie passée ? Il y avait quelquefois aussi dans ces maisons familiales de vieilles bibliothèques formées par des générations successives. Aujourd'hui, où l'émiettement et la dispersion deviennent partout la loi, on ne peut entrer dans une de ces maisons — le nombre en diminue de jour en jour — sans être ému. Elles sont tout autre chose que les habitations modernes, hôtelleries où passent successivement tant de familles; elles vivent davantage; elles ont une autre signification. Là tout le passé se lève et ressuscite; là on comprend, non plus par un effort logique de l'esprit, mais parce que, si on peut dire, on le touche du doigt, que la vie individuelle d'un homme n'est pas suspendue dans le temps entre le vide qui la précède et le vide qui la suit, mais qu'elle continue ce qui a été auparavant, comme elle renferme en germe ce qui sera plus tard.

Les rapports sociaux eux-mêmes, dans les entours d'une vieille maison, participent de ce caractère de durée; c'étaient les mêmes familles qui se continuaient dans les villages voisins et dans la campagne, tout autour de la maison du propriétaire plus riche. Il s'en suivait que les rapports avaient quelque chose de moins abstrait, de plus réel. Même les rapports entre riches et pauvres étaient moins durs, parce que, suivant l'expression familière, on se connaissait de père en fils. Une famille aisée pouvait par exemple, de génération en génération, contribuer à soutenir un hôpital, une école, et cela d'autant mieux qu'à la considération pure de charité s'ajoutaient des considérations d'un autre ordre qui ont leur effet sur la conduite des hommes : le respect pour l'œuvre des ancêtres, qu'on tenait à honneur de ne pas laisser péricliter.

Mais, diront les idéalistes, c'est un sentiment bien grossier, bien matériel, que celui qui rattache ainsi l'homme à la terre! L'essence de l'homme, c'est l'âme; elle est indépendante de l'espace. Ici ou là, qu'importe? L'homme est un voyageur sur la terre; qu'importe où il passe? Qu'importe qu'après avoir planté sa tente un jour en un lieu, il reprenne son pèlerinage le lendemain? Celui qui cherche le clocher ou le minaret de son village ne comprend pas que partout éga-

lement on peut adorer Dieu en esprit et vérité. Celui
qui demande une maison familiale et un paysage familier ne comprend pas que partout l'homme peut se
faire une demeure, ou plutôt que sa véritable demeure, c'est la *Maison du Berger* de Vigny, montée
sur quatre roues et qui peut parcourir l'univers.

Elle est poétique, la maison du berger ; elles sont
poétiques, les tentes que les Bédouins déploient dans
le désert. « Que tes tentes sont belles, ô Israël ! Que
tes pavillons sont beaux, ô Jacob ! » Mais Bossuet,
dans un de ses plus magnifiques sermons, après avoir
cité cette parole, ajoute : « Mais si vous êtes déjà si
beaux lorsque vous campez dans le désert, que sera-ce
quand vous serez établis dans votre demeure ! »

Non, l'amour du sol natal, le besoin de faire notre
une partie de la planète et d'y attacher notre famille
pour des générations, n'est pas un sentiment matériel
et grossier. Nous faisons partie de la nature ; pourquoi donc ne sentirions-nous pas cette fraternité que
nous avons avec elle ? Les poètes la saisissent partout,
même dans le paysage étranger où ils ne passent
qu'une fois ; mais il y a une forme sous laquelle les
âmes les plus humbles peuvent la sentir, c'est justement cet amour du patrimoine, du champ, des hori-
zons familiers. Rappelons-nous les beaux vers de
Lamartine sur *Milly*.

Le patrimoine familial donne un corps visible à
l'idée de famille. Alors le possesseur actuel sent,
parce qu'il le touche du doigt, qu'il jouit du labeur
de son père, et qu'il doit en transmettre le fruit à ses
enfants. Alors, au lieu de s'enfermer dans une indi-
vidualité égoïste, il se sent responsable à la fois
envers ses ancêtres et envers sa postérité. Alors
il ne borne pas son œuvre à l'horizon étroit de sa
propre vie, mais il l'élargit et il en fait la conti-
nuation du passé et la préparation de l'avenir. On
a dit que la propriété est moralisatrice ; on pourrait

ajouter que la propriété de famille est doublement moralisatrice.

Et qui donc peut sentir le prix d'un foyer familial durable mieux que les femmes, qui sont dans la famille l'élément immobile et conservateur? Il serait trop long de faire en détail cette analyse, mais il est certain que la mobilité de plus en plus grande des familles, venant de la disparition du bien familial, est en connexion avec les tendances qui s'affirment aujourd'hui dans la fraction avancée du féminisme : rendre de plus en plus la femme indépendante de la famille. On demande, par exemple, que le budget de la femme et celui du mari soient séparés (la chose existe dans une certaine mesure en Angleterre, par la loi qui a assuré aux femmes la libre possession de ce qu'elles ont apporté en se mariant et de ce qu'elles acquièrent ensuite par salaire ou héritage). Bien plus, certains féministes vont jusqu'à affirmer que l'habitation commune ne devrait plus être prescrite aux époux, et que le mari et la femme devraient avoir chacun un domicile indépendant, et se faire des visites d'amitié. Ce serait alors la disparition complète du foyer domestique.

Pour en revenir à la législation française issue de la Révolution, nous avons dit que la suppression du droit d'aînesse fut la conséquence d'une volonté générale de libérer l'individu du groupe ou il se trouvait enfermé. La logique aurait été de proclamer la liberté de tester, c'est-à-dire la liberté pour les parents d'instituer comme héritier celui qu'ils voulaient et dans la mesure où ils le voulaient ; mais malgré l'esprit peu conservateur des législateurs révolutionnaires qui ne craignaient guère de tout bouleverser, l'idée de considérer la famille comme un ensemble comprenant à la fois les personnes et les biens était encore trop présente pour qu'on allât jusque là. On continua à penser que les enfants avaient droit aux biens de leurs parents, et en décréta que l'héritage serait partagé également entre les enfants, laissant seulement aux parents le droit de disposer d'une partie de l'héritage en faveur d'un enfant préféré ou en faveur d'autres personnes.

L'effet de cette loi a été le morcellement des propriétés, la disparition graduelle des patrimoines familiaux, l'instabilité de plus en plus grande de la propriété. Voici un homme qui a constitué un domaine; supposons qu'il le lègue à un fils unique; mais voici que ce fils a trois ou quatre enfants; alors c'est fini : à la mort du père, il faudra que le patrimoine soit vendu ; la loi déclare que les héritiers ne sont jamais obligés de rester dans l'indivision. Dans le conte du *Chat Botté*, lorsque le meunier meurt, voilà son héritage : l'aîné a le moulin, le second l'âne, le troisième le chat. Selon la loi moderne, il aurait fallu tout vendre, le moulin, l'âne et le chat (qui n'aurait probablement pas valu grand chose), et le produit de cette vente aurait été partagé en trois parties égales, pour contenter chacun des trois fils du meunier.

C'est surtout dans le parti conservateur qu'on a regretté la disparition du patrimoine familial et déploré la loi des partages égaux qui aboutit au morcellement de la propriété. Pourtant ce sentiment existe aussi dans le peuple. Pour le paysan qui, de son labeur, a constitué un bon domaine qui rapporte bien, c'est une véritable peine de songer qu'après sa mort, s'il a quatre ou cinq enfants, ce domaine va être vendu, et que ce ne sera pas sa famille qui continuera à l'exploiter. Je me rappelle à ce propos que voyageant un jour en Corse dans une vieille diligence pittoresque, j'avais à côté de moi un brave paysan corse qui faisait ses confidences. Il y a en Corse quantité de montagnes couvertes de maquis, végétation de buissons serrés, qu'on défriche actuellement. Ce paysan racontait qu'il avait défriché une grande étendue de maquis et qu'il avait ainsi constitué un domaine de vignes ; il était désolé à la pensée qu'ayant quatre enfants il faudrait vendre le domaine après sa mort pour en partager le prix ; il faisait la critique du Code civil comme aurait pu le faire un homme d'une plus haute culture et il disait : « Il devrait y avoir dans la loi un article qui permette de transmettre les domaines à un des enfants. »

Lorsqu'il s'agit de richesse mobilière, le problème ne se pose pas de la même façon ; un billet de banque ou une action, ce n'est pas vivant ; c'est anonyme et impersonnel.

Les hommes étant ainsi de plus en plus indépendants de la propriété réelle, sont aussi beaucoup moins liés à une région donnée ; les familles sont plus dispersées. Les vies sont beaucoup plus indépendantes les unes des autres. Or tout cela a sa répercussion dans la situation des femmes. Autrefois les filles qui ne se mariaient pas restaient souvent à la maison paternelle et se contentaient d'y vivre d'une vie quelquefois très modeste et même gênée. Aujourd'hui, elles préfèrent de beaucoup se créer à elles-mêmes une situation, quitter la famille et se faire une vie indépendante. Et quant à la femme mariée, nous verrons qu'elle a conquis quelques avantages nouveaux et qu'elle espère bien en conquérir davantage.

Faut-il déplorer ces conditions nouvelles ? Ce serait inutile parce qu'on ne revient guère sur une révolution aussi profonde ; l'humanité ne repasse guère sur les traces de ses anciens pas. Mieux vaudra chercher la formule du nouvel accord entre l'individu, avec tous les droits qui lui sont reconnus aujourd'hui et qui se développeront sans doute encore, et la famille, groupe qu'on ne peut détruire sans mettre en danger la société entière.

On s'effraie aujourd'hui des attaques dont le mariage

est l'objet; en effet, les théoriciens ne s'arrêtent pas en route; ils ne se contentent pas de demander l'amélioration de l'état actuel, mais ils prétendent que le mariage est une institution sociale qui a fait son temps et qu'il faudrait la détruire. Ces attaques contre le mariage viennent de l'individualisme, qui ne trouve pas sa satisfaction dans un groupe social où tous les membres sont subordonnés les uns aux autres. Les femmes se plaignent de leur position dans ce groupe, car ce sont elles surtout qui sont subordonnées, mais les hommes se plaignent aussi; ils trouvent que le mariage crée pour eux des charges trop lourdes. D'où ce fléau des sociétés occidentales : la diminution des mariages et l'augmentation du nombre des célibataires. Voilà pourquoi de plus en plus, il y a des théoriciens des deux sexes qui pensent que la meilleure manière de sauver le mariage, c'est d'en changer le caractère totalement — ce qui équivaut à la supprimer.

Ces sortes de solutions nous plaisent peu; même elles nous répugnent; cependant nous ne pouvons condamner le principe de l'individualisme; il a sa vérité. La personne humaine a des droits; elle les a conquis, et de plus en plus elle les conquerra.

Ce n'est pas seulement en France que se posent ces questions, mais aussi en Angleterre, aux Etats-Unis, dans les pays scandinaves; à ce propos, rappelons une œuvre très célèbre d'Ibsen : *Maison de poupée*.

Il est curieux de voir qu'en France le parti féministe, qui revendique si fortement les droits de l'individualisme dans la famille, fait bon ménage avec les partis politiques avancés, qui sacrifient si allègrement l'individu à l'Etat. L'individualisme féministe devrait être libéral, et il se lie, au contraire avec le parti du socialisme d'Etat. Comment expliquer une pareille contradiction? C'est peut-être parce qu'au fond la plupart des féministes ne combattent pas pour la liberté, mais pour le bonheur.

LES FRANÇAISES MODERNES

LES PEINTURES FAUSSES DES FEMMES ET DE LA FAMILLE DANS LE ROMAN ET LE THÉATRE

Mesdames,

Je voudrais, après avoir fait cette revue historique abrégée de la vie féminine dans l'antiquité et aux époques plus rapprochées de nous, essayer de vous montrer ce qu'est maintenant la vie féminine en France.

Une première observation à faire, c'est la force des liens de famille en France et le caractère intime, souvent même un peu exclusif, des sentiments qui font chez nous la cohésion du groupe familial. Voilà une observation, qui, au premier abord, étonnera les étrangers ; les étrangers s'imaginent volontiers qu'en France les mœurs sont légères, que la fidélité conjugale y règne peu, que toutes les femmes y sont plus ou moins sujettes à caution. Il y a à l'étranger un type convenu de la Française et surtout de la Parisienne ; on se figure sous ce nom une personne élégante, d'un goût sûr et hardi à la fois en toilette, toujours parfaitement bien équipée de la tête aux pieds, vive, sémillante, gaie, spirituelle même, mais légère, frivole, incapable de sentiments profonds, de constance, même de moralité au sens le plus vrai du mot. La Parisienne apparaît surtout comme une incarnation vivante de la mode. Certains étrangers, encore plus sévères, vont jusqu'à penser que la France elle-même n'est pas autre chose. Ainsi le grand musicien Wagner — mettons à part son immense génie musical — a écrit sur ce sujet des pages qu'on peut vraiment appeler haineuses. Voulant glorifier Beethoven et cherchant le sens profond du chœur triomphal de la *Neuvième symphonie*, il y voit avant tout un chant pour célébrer la victoire qui terrasse à jamais la Mode et anéantit son empire, et pour lui ce n'est pas autre chose que la victoire de l'esprit allemand sur l'esprit français. L'esprit allemand de Wagner manquait un peu ici de générosité, car ces pages furent écrites au lendemain de la défaite de la France en 1870. D'autres esprits allemands, comme Goethe et Beethoven, se sont montrés plus larges et plus compréhensifs. Il n'est pas probable que dans les chœurs victorieux de sa grandiose symphonie Beethoven ait entendu célébrer un écrasement de la France considérée comme un pur champion de la Mode. N'avait-il pas dédié sa *Symphonie héroïque* à Bonaparte? Il est vrai qu'il retira la dédicace quand Bonaparte se fit empereur; il n'en reste pas moins que son enthousiasme pour la France de la Révolution et pour ce qu'était alors Bonaparte a trouvé son expression dans cette *Symphonie héroïque* qui est vraiment une musique glorieuse et où, dans le finale, on voit la Victoire ouvrir ses ailes et s'envoler au plus haut des cieux.

Ainsi nous pouvons, nous Français, entendre la *Neuvième symphonie* d'un cœur tranquille et sans nous frapper la poitrine; ce chœur si beau n'est pas une invective contre nous; il n'est une invective contre personne ; il *n'est pas* une invective. Ce qu'il chante, c'est la joie et la liberté d'une âme assez puissante pour s'élever au-dessus de sa propre destinée.

Assurément à l'étranger on suppose bien qu'en France il doit y avoir autre chose que la mode, et que toutes les familles françaises ne sont pas dépourvues de moralité ; mais on reste persuadé que la vie française est en grande partie frivole, que les mœurs conjugales y sont traversées d'aventures, et que la vie féminine se partage assez souvent entre les aventures et la frivolité.

Sur quoi repose cette opinion? Elle nous blesse, parce que nous connaissons sa fausseté, et parce qu'il nous semble que les peuples qui nous distribuent si libéralement leurs conseils et leurs critiques ne sont pas plus impeccables que nous ; leurs péchés sont différents peut-être, mais nous avons peine à croire qu'ils soient tout à fait sans péché. D'ailleurs aucun peuple n'aime que les autres lui fassent la leçon.

Mais sur quoi repose cette opinion des étrangers?

Il faut bien dire que nous en sommes, en grande partie responsables. Il y a d'abord et surtout notre littérature et notre théâtre.

Les écrits français, comme ceux de toutes les nations, sont de genres très variés. Il y a des écrits scientifiques (dans toutes les catégories de sciences); il y a des ouvrages historiques, philosophiques, etc. Il y a de la poésie. Il y a des romans.

Parmi tant d'écrits variés, les romans sont ceux qui se répandent le plus à l'étranger. Pourquoi? Sans doute parce qu'à l'étranger comme en France, il y a infiniment plus de gens qui lisent des romans que de gens qui lisent des ouvrages de philosophie, de politique ou d'histoire ; et cela parce qu'à l'étranger comme en France la masse des lecteurs lit pour s'amuser et non pour étudier. D'où la vogue des romans dans tous les pays. On a souvent dit combien les Anglais, par exemple, sont grands lecteurs de romans, et quelle quantité de romans on écrit en Angleterre. Mais d'où vient que les romans anglais ne donnent pas un mauvais renom à l'Angleterre, tandis que les romans français donnent un mauvais renom à la France ?

Cela vient du caractère qu'a pris le roman français depuis quelque temps. Un certain nombre de romanciers se sont plus à représenter surtout des histoires passionnelles, accompagnées de peintures réalistes de l'amour, insistant de préférence sur les détails les plus scabreux, avec une parfaite indifférence morale. On dirait que pour eux il n'y a ni bien, ni mal. D'autres fois c'est une interversion des jugements moraux ordinaires; par exemple la faute d'une femme mariée trahissant son mari sera considérée comme un devoir d'amour; mais si ensuite on trahit l'amant, là sera le crime. — Dans d'autres romans, on verra une femme se laisser entraîner à plusieurs chutes successives, et malgré, cela elle est présentée comme une créature d'élite à qui va la sympathie du romancier et à qui il veut attirer la sympathie de ses lecteurs. La passion — si toutefois on peut employer ce mot ici — justifie tout; la femme qui tombe lutte à peine, ou même pas du tout. Si d'ailleurs, elle lutte ce n'est pas par scrupule de conscience, par horreur du mal, par un reste de droiture primitive ou d'attachement à des idées plus hautes, par *devoir*; ce mot même est démodé et vieux. Non, c'est qu'elle craint les conséquences, c'est qu'elle redoute les jugements du monde, c'est qu'elle n'est pas entièrement détachée de son mari, de ses enfants et de son foyer. Mais certes elle est loin des scrupules délicats de la princesse de Clèves ! Et pourquoi les aurait-elle ? L'auteur est si indulgent pour les fautes qu'il raconte qu'on serait étonné de lui voir donner des scrupules à ses héroïnes.

Les romans de la première manière de M. Paul Bourget rentraient certainement un peu dans ce genre. Aujourd'hui, il a changé sa manière, et ses derniers romans, qui sont des romans à thèse, ont un caractère beaucoup plus moral. Mais, comme on dit, faute d'un moine l'abbaye ne chôme pas, et depuis des années se sont multipliés les romans où on peut trouver ces deux caractères : peintures très libres, même licencieuses ; et indifférence morale, indulgence sans limite, qui supprime la vertu mais aussi qui abaisse la passion elle-même. Car ce qui fait la force et la beauté de certaines passions, même coupables, c'est justement qu'elles aient rencontré dans le fond de l'âme de véritables obstacles. Pour qu'une Phèdre se laisse entraîner, il faut que la force de sa passion soit une puissance fatale et terrible ; car ce n'est pas peu de chose qu'elle a vaincu ; c'était, tout au fond de l'âme, une affirmation profonde du bien, si vivante que même après la faute elle continue à faire entendre son cri de protestation et d'horreur.

Les romans d'aujourd'hui nous offrent des peintures beaucoup plus brutales que celles des premiers romans de M. Paul Bourget. Celui-ci gazait ses histoires peu morales d'élégances mondaines extérieures. Et encore je ne parle ici que des romanciers qui ont du talent littéraire. Il va sans dire qu'il y a en dessous une catégorie inférieure d'écrits sans aucun talent et qui ne tirent leur succès que de ce qu'ils font appel aux instincts les plus bas de l'âme humaine. On aurait tort de croire que ce genre d'écrits soit monopolisé en France ; il y en a dans tous les pays ; c'est la production basse qui satisfait les goûts de la partie basse de l'humanité. Seulement chez nous, cette partie de la littérature devient article d'exportation ; ces ouvrages vont se promener à l'étranger. Nous nous contentons en général, quant à nous, de notre production nationale, parce que le public français lit beaucoup moins l'anglais et l'allemand, par exemple, que les Anglais et les Allemands ne lisent le français.

A propos de cette basse littérature, une observation s'impose ; c'est que beaucoup de ces livres simplement scandaleux sans rien de littéraire passent souvent à l'étranger pour représenter le goût français : « Voilà ce que les Français lisent ! Oh ! *shocking ! for shame !* » Or ces livres-là sont souvent très peu connus en France ; leurs auteurs n'ont chez nous aucune notoriété. Il m'est arrivé de voir chez les libraires du Caire de ces livres français qui, à en juger par l'apparence, devaient être sans doute assez peu moraux, et signés de noms d'auteurs absolument inconnus.

De tels livres font le plus grand tort à la France, parce qu'ils trompent absolument les étrangers sur notre compte ; on s'imagine que c'est là notre littérature courante, alors qu'ils ne sont lus que par une minorité de gens vicieux tels qu'il en existe dans tous les pays du monde.

Mais je me demande si le tort fait à la France n'est pas plus grand encore quand des livres remplis de peintures libres et écrits avec une complète indifférence morale sont l'œuvre d'écrivains de talent. Le succès de tels ouvrages est composé de deux éléments : le talent fait que les gens de goût les lisent et y trouvent du plaisir ; les peintures libres et les histoires risquées attirent cette catégorie de lecteurs qui auraient honte peut-être de chercher leur plaisir dans des œuvres plus basses, mais qui ne sont pas fâchés de trouver dans des romans qu'on peut avouer avoir lu de quoi flatter leurs instincts. Et ici, en parlant des lecteurs, il faut entendre aussi les lectrices.

Voilà pourquoi les romanciers de valeur qui s'abaissent jusqu'à des œuvres de cette espèce font plus de tort à la France que les autres ; ils donnent l'autorité de leur talent à cette littérature. Pour les autres, il n'y a rien à leur dire ; ils font du commerce ; ils savent que l'article se vend sur le marché national et international, et ils font leurs affaires ; tout au plus pourrait-on souhaiter qu'une commission internationale d'hygiène publique intervînt pour empêcher ce commerce, comme on empêche le commerce des poisons.

Mais je le répète, c'est aux romanciers de talent que nous sommes tentés de faire leur procès. Pourquoi en effet cette préférence pour les sujets immoraux et les peintures risquées ? Est-ce une question d'argent et pour que leurs livres se vendent davantage ? Ce serait une considération bien indigne d'eux ; un vrai talent pourrait-il s'abaisser à n'écrire que pour de l'argent ? D'ailleurs est-ce que les œuvres honnêtes ne se vendent pas ? Il serait facile de citer des romans très honnêtes qui ont eu un grand succès. Les romans berrichons de George Sand se sont vendus tout autant que les autres et même davantage. Aujourd'hui, beaucoup de gens s'ennuieraient à lire *Indiana* et *Jacques*, mais on a encore du plaisir à lire *la Petite Fadette* et *la Mare au Diable*. On peut dire la même chose pour la célébrité que pour l'argent. Dès lors, il ne reste guère qu'une explication possible ; c'est que le goût de nos romanciers les porte spécialement vers ce genre d'œuvres. Souhaitons que ce goût change car tant qu'il ne changera pas ces romans feront à la France une réputation bien fâcheuse et bien fausse.

Mêmes observations à faire sur le théâtre ; là aussi il y a une production basse qui cherche avant tout le scandale, qui flatte les plus vils instincts de la nature humaine, et qui réduit parfois la part de la littérature et de l'art jusqu'à faire d'une pièce de théâtre un simple prétexte à exhibitions immorales. Cela s'est malheureusement développé d'une façon effrayante depuis quelque temps. Et voilà sur quoi les étrangers jugent notre vie, notre morale ; ils imaginent les femmes

françaises sur le modèle des créatures que le théâtre
représente. Les étrangers de passage à Paris vont
beaucoup voir ces pièces théâtrales de bas étage, tandis que les Français qui y vont sont souvent un public
spécial. Dans la classe moyenne de la bonne bourgeoisie, est-ce qu'on s'en va en famille voir ces piè-
ces-là? Quantité de Parisiens et de Parisiennes n'ont
jamais mis les pieds dans ces théâtres tandis qu'un
étranger croira que pour connaître Paris il faut absolument y être allé.

Mais il se passe pour le théâtre ce qui se passe pour
le roman; des auteurs de talent s'emparent de ces
sujets, toujours les mêmes, et les traitent à satiété.
L'inconduite, l'infidélité conjugale, la faute, voilà le
thème perpétuel je ne dis pas seulement du théâtre le
plus bas, mais du théâtre plus relevé, comme s'il n'y
avait que cette question-là dans la vie humaine. Il
en résulte que ceux qui veulent juger la France par
son théâtre pensent que tous les Français, dans leur
vie, ont des aventures semblables et qu'il n'y a pas en
France un foyer honnête, un ménage uni, une femme
fidèle attachée à son mari et à ses enfants.

Mais les dramaturges qui nous content ces histoires
vont-ils du moins, en représentant ces mœurs mépri-
sables, leur infliger une flétrissure? Pas du tout. Le
dramaturge, comme le romancier, regarde tout cela
avec sérénité. S'il fait du théâtre comique, il s'amuse
de ces aventures. S'il fait du théâtre sérieux, il prétend nous émouvoir et nous attendrir sur ses héros,
mais sans que la question du bien et du mal, la notion
de la faute, l'idée du véritable honneur et du déshon-
neur féminin, viennent jouer un rôle, apparaissent
seulement. Il se prive d'ailleurs par là d'un ressort
dramatique, car ces résistances de l'honneur, ces
réclamations perpétuelles de la morale et du devoir,
rendaient dramatiques et tragiques toutes les fautes.
Pourquoi donc néglige-t-on aujourd'hui ce vieux res-

sort moral? Parce qu'il a trop servi? Les choses humaines, profondément humaines, ne changent pas ; il faudra bien représenter des sentiments qui ne sont pas nouveaux si on veut représenter des choses vraies. Il existe sans doute des êtres humains qui ont perdu toute notion de conscience et de devoir et ne sont plus que le jouet de leurs appétits et de leurs instincts ; seulement il faudrait qu'en nous les représentant, on nous les montrât tels qu'ils sont, c'est-à-dire des types d'humanité inférieure. La faute elle-même dans de tels caractères a perdu toute noblesse. Dans la faute romantique, il y avait autre chose : une espèce de générosité de la pensée, l'illusion qu'on obéissait à un sentiment sacré, mystérieux, divin ; mais aujourd'hui, dans la passion qu'on nous montre, ce voile d'illusion est tombé ; elle apparaît telle quelle, dans toute sa nudité, et ce costume ne lui est pas favorable.

Et on a fini par créer au théâtre une sorte de moralité de convention (ou plutôt d'immoralité) qui déforme tous les jugements. Le public, au théâtre, accepte, avale, les plus grosses énormités. Il sait que cela ne tire pas à conséquence ; du moins il le croit. Au fond, ces sortes de peintures et de prédications finissent pourtant par avoir un effet, mais la plupart des spectateurs n'en voient pas si long ; ils s'amusent et applaudissent si la pièce est bien jouée, et s'il y a de l'esprit. Mais supposez que ce bon bourgeois qui tout à l'heure s'est pris de sympathie pour l'héroïne (surtout si l'actrice était jolie) et lui a passé les pires incartades, lui accordant finalement indulgence et amnistie, supposez donc que ce bourgeois, chez lui, se trouve la victime d'une aventure semblable et que sa femme lui joue ces mêmes tours qui au théâtre excitaient si peu sa réprobation, alors tout changera. Et si on vient lui opposer ses sentiments du théâtre, il dira : « Oui, mais c'était du théâtre, et maintenant c'est ma femme ! »

Les étrangers ne font pas ce départ que les Français font si facilement entre l'atmosphère du théâtre et celle de la vie. Et quand ils voient la tranquillité parfaite avec laquelle auteurs et spectateurs admettent les situations les plus scabreuses, ils croient pouvoir se servir de la pièce comme d'un document sur la vie française. Mais si le spectateur accepte tout sans sourciller, c'est parce qu'il se fait une optique spéciale du théâtre ; on peut lui servir tout ce qu'on voudra, salé et pimenté, il avalera tout ; mais au sortir de cette représentation, on voit de bons ménages, bien réguliers, rentrer tranquillement chez eux ; ils sont contents de la pièce, ils en causent, mais théoriquement, en l'air. Le lendemain, on reprendra la vie de famille, qui n'est ni théâtre ni roman ; le mari ira à ses affaires, la mère donnera des ordres pour le déjeuner, préparera ses enfants pour les envoyer à l'école, s'inquiétera de l'état de leurs vêtements et peut-être se mettra à tailler une robe pour sa petite fille afin d'économiser une façon chez la couturière.

Il y a une telle différence entre la vie réelle en France, et la vie telle que la peignent le roman et le théâtre, qu'il est impossible que les étrangers s'en rendent compte, à moins de venir vivre chez nous. Quand ils y viennent, ils ont des étonnements singuliers, qui nous étonnent aussi. Il est vrai qu'il n'est pas donné à tous les étrangers de pénétrer dans la famille française. La vie de famille chez nous est très exclusive : c'est une des raisons pour lesquelles les étrangers se trompent sur notre compte. Les Français n'ouvrent pas facilement leur maison, non seulement aux étrangers, mais aux nouveaux venus, quels qu'ils soient. Une famille française qui s'établit dans une ville nouvelle peut quelquefois rester longtemps complètement isolée ; il y a dans certaines villes de province des barrières qui ne s'ouvrent jamais. On peut même dire à ce point de vue que le Français

manque quelquefois de la vertu d'hospitalité ; il serait
bon d'ouvrir les portes un peu plus grandes au lieu de
les entrebâiller. Nous avons peur d'introduire dans
le sanctuaire de notre famille des éléments nouveaux ;
nous ne le faisons qu'avec une extrême prudence. Sans
doute, il y a en France des maisons très hospitalières ;
cela n'empêche pas qu'en général nos familles sont
plutôt un peu exclusives et fermées.

En voici une preuve bien connue : c'est l'extrême
répugnance qu'ont toutes les familles françaises à
recevoir des pensionnaires chez elles. Chez les
Anglais, les Allemands, les Suisses, on trouve facilement des familles qui, pour augmenter leurs ressources, prennent un ou plusieurs pensionnaires
qu'elles admettent à partager la vie de la maison. C'est
cela qu'on cherche quand on envoie à l'étranger un
jeune homme ou une jeune fille pour apprendre la
langue du pays. Eh bien, cette pratique répugne à
beaucoup de familles françaises. On aimera mieux
vivre plus étroitement, même dans la gêne, et rester,
comme nous disons, *entre soi*. Aux repas qui réunis-
sent la famille, c'est le moment où on cause intime-
ment ; selon nous toute intimité disparaît s'il y a là
continuellement un étranger qui ne fait pas partie de
la famille. Il est vrai que depuis quelques années les
choses commencent à se modifier ; quelques familles
françaises consentent à prendre chez elles un pen-
sionnaire ; on fait des échanges d'enfants d'une nation
à l'autre, mais c'est encore peu répandu chez nous et
ce sera toujours exceptionnel parce que cela ne s'accorde pas avec notre manière de concevoir la vie de
famille.

De même, il répugne à un Français de se mettre en
pension dans une famille ; il aime mieux mener une
vie plus étroite, plus difficile, tout seul dans une
chambre mal meublée, mais chez lui, que d'aban-
donner cette indépendance individuelle à laquelle il

tient et qui consiste à ne pas mêler ses affaires intimes avec celles d'autrui.

Plus les Français sont jaloux de leur vie familiale, plus il est difficile à un étranger de la pénétrer. Nombre d'étrangers ont pu faire un séjour en France de plusieurs mois sans jamais entrer dans l'intimité d'une famille française. Il est vrai, ils sont *reçus* quelquefois ; mais qu'est-ce que cela veut dire, *être reçu ?* C'est être invité à un dîner, à une soirée ; ce n'est pas pénétrer dans la véritable vie domestique.

Et puis il y a des étrangers qui viennent à Paris avec l'idée de s'amuser avant tout ; ils s'introduisent dans le monde des théâtres ou dans le demi-monde — beaucoup moins inaccessible, naturellement, que le vrai monde — ils rapportent de là des expériences de *vie parisienne*, et ils disent : « Voilà la vie de Paris ». Il serait plus juste de dire « Voilà la vie que j'ai menée à Paris ».

Quelquefois cependant ils ont la chance que les barrières des familles s'ouvrent devant eux, et alors quel étonnement ! Voici à ce propos quelques lignes de M. Emile Faguet à propos du livre récent d'un Américain, M. Barrett Wendell, qui a séjourné en France.

« M. Barrett Wendell nous trouve *sérieux*, très sérieux, très attachés à nos devoirs, très gais et point du tout légers ;.... et il estime nos femmes très sérieuses, très attachées au devoir, admirablement sensées et vaillantes,.... profondément fortes, ce qui non seulement ne les empêche pas d'être aimables, mais c'est précisément pourquoi elles le sont.

« Les trois quarts de nos romanciers, ajoute M. Faguet, nous représentent comme pure canaille. C'est sur cela que nous jugent les étrangers. Et quand il en vient un vivre six mois chez nous, il est tellement ahuri de voir que nous ressemblons aux portraits que nos romanciers font de nous comme un flamant bleu

à une limande, que par surprise, étonnement, stupéfaction, écarquillement et contraste, il nous trouve
admirables, prodigieux, miraculeux et divins. » Il en
vient même à exagérer dans l'autre sens.

La famille française est peut-être la plus unie, la
plus solide qui soit au monde. Elle l'est même à un
degré excessif. Et si on s'étonne, dans ces conditions,
du succès du roman et du théâtre immoral, il faut se
rappeler d'abord que ces œuvres ne s'adressent qu'à
une minorité, et ensuite qu'il y a des moments où ce
public spécial lui-même est si écœuré et révolté de
ce qu'on lui sert qu'il proteste, et qu'il fera un succès
d'enthousiasme à une œuvre honnête, même quelquefois médiocre, parce qu'il lui sait gré d'apporter
un souffle purificateur.

Et si l'œuvre saine est grande et poétique, alors
ce ne sera plus de l'enthousiasme, ce sera du délire.
N'est-ce pas le secret du succès triomphal d'Edmond
Rostand?

9 782019 718985